モノを持たなければお金は貯まる

はじめに

人間、生まれたときはみんな裸の赤ちゃんでした。

もちろん、あなたもそうです。

赤ちゃんは、何も持っていません。

強いていえば、両親からの深い愛情くらいでしょうか。

それでもあなたは、とても幸せだったはずです。

そういう意味でいえば、動物の赤ちゃんも人間の赤ちゃんと同じでしょう。

違いはそのあとです。動物は成長しても自分のカラダひとつだけで生きていき、決してモノを所有することはありません。

でも、人間は違います。

生まれたときには何も持っていなかった人間の赤ちゃんも、成長とともに、モノを使い、所有しはじめます。

小学生、中学生、高校生と成長するにつれ、あなたの持ち物はどんどん増えていきます。

進学や就職でひとり暮らしをはじめれば、自分のための家電や家具一式も必要になります。

大人になると、必要な服や趣味のモノも変化し、さらに持ち物が増えていくでしょう。

もちろん、地球上の生き物のなかで唯一、「道具」を作り、使うことができるのが人間ですから、道具を使って生活を豊かにしていくことは当たり前です。

道具を使うことができたからこそ、人間の文化はここまで発展したのです。

でも、いまあなたが持っている道具（モノ）は、あなたを本当に豊かにしてくれているのでしょうか。あなたを幸せにしてくれているのでしょうか。

あなたは、本来人間を豊かにするはずの道具（モノ）に、押しつぶされそうになってはいないでしょうか。世の中はモノであふれています。

テレビコマーシャルや雑誌、インターネットなど、さまざまなメディアが、毎朝毎晩あなたの所有欲、購買欲に揺さぶりをかけてきます。

「みんなが持っているから」

「あると便利そうだから」

「いつか使うと思うから」

あなたもそんな理由から、モノを購入し、所有したことがあるはずです。

でも、そのなかであなたが〝本当に〟必要だったモノは、どれだけあるでしょう。

あとから考えてみれば「なんとなく買ったけれど、使っていない」「押し入れの奥に眠ったまま」のモノが、たくさんあるのではないでしょうか。

本当に必要なモノだけを手に入れ、使う人こそ、時間もお金も上手に、賢く使える生き方上手な人なのです。

この際いらないモノを手放して、生活をすっきりシンプルなものにしてみませんか。

本書は、あなたと「モノ」とのつきあいかたを、一度じっくり見直し、よりよい人生を歩む手助けになればという気持ちを込めて執筆しました。

きっとあなたは、この本を読み進めるにつれ「ああ、だからモノがどんどん増えていったんだ」とわかり、モノの呪縛から解き放たれていくことでしょう。

そして、本書を読んでいる途中にもモノを処分したくてたまらなくなり、じっとしていられなくなるでしょう。

あらかわ菜美

モノを持たなければお金は貯まる／目次

第3章 モノへの常識を、180度変えてみる

第4章 今日から、モノを減らす

第5章 もうこれ以上、増やさない

編集協力・図版作成　山崎潤子
装丁　マツダオフィス　松田行正＋日向麻梨子
本文ＤＴＰ　ＮＯＡＨ

第1章

モノのために家賃を払うな!

近ごろ、お金が減っていませんか？

「住まい」のお金に敏感に！

あなたはいま、どんなところに住んでいますか。

ワンルームや1LDKマンションでひとり暮らし？　それとも2LDKくらいの広さに2人暮らしでしょうか。あるいは、3LDK〜5LDKくらいの広々としたマンションや一戸建てに家族と暮らしているという人もいるでしょう。

そしてあなたはいま、どのくらいのお金を住居のために支払っていますか？

都市部の賃貸物件であれば、ワンルームや1DKで家賃相場は6〜10万円くらい、少しゆとりのある1LDK〜3LDKになれば、10〜18万円くらいかかります。

賃貸の場合、入居のときの敷金や礼金、更新料などを含めて計算してみると、家賃以外にも意外とお金がかかっていることがわかるでしょう。

分譲マンションや一戸建ての場合でも、ローンの支払いで賃貸と同じくらいのお金がかかります。また、ローンを組むということは利息を支払いながら家の代金を支払うことになりますから、たとえば3000万円の物件の場合でも、30年程度のローンで、最終的には倍の6000万円くらいの金額を支払うことになります。

分譲マンションの場合、そのほかにも頭金や手数料、固定資産税、管理費、修繕積み立て費などがかかり、一戸建ての場合は管理費や修繕積み立て費はいりませんが、外装修理やリフォーム、庭の手入れなどにそのつどお金がかかります。

住環境は人それぞれですが、いずれの場合でも、現代では住居のために思っている以上のお金が必要となります。

なぜ、住まいを広くしたいのですか?

4LDKや5LDKのマンション、一戸建てと聞けば、「そんな広い家に住めたらいいなあ」と思う人が多いはずです。

なぜでしょうか。

広い家に住みたい人は、たくさんの荷物を持っているのではないでしょうか。つまり、増えた荷物の置き場を確保したいから、広い家にあこがれるのです。

物理的には狭い住まいであっても、すっきり暮らすことは可能です。暮らしのグレードは部屋数ではなく、あなた自身なのです。

私は「住まい」＝「スペース」だと思っています。

あなたの住まいのスペース（面積）は、引っ越しをして住み替えをしたり、リフォームで建て増しをしたりしないかぎり、絶対に変わることはありません。

「40インチの大きな画面のテレビで、映画がみたいなあ」

「リビングにソファセットと、それから増えた本を収納できる大きな本棚がほしい！」

インテリア雑誌や通販カタログを眺めていると、ついそんなふうに思います。ボーナスが出たあとなど、お金に余裕があればなおさらでしょう。

また、最近は新しい家具や家電製品が次から次へと発売されます。それを買えるだけの経済的な余裕があろうとも、置くためのスペースがなければ、新たにモノを置くことはできません。

物理的にムリなのです。

もちろん、狭いワンルームマンションから広々とした2LDKのマンションに引っ越せば、ベッドやチェスト、ソファセットなどの大型家具や、40インチの大画面テレビや食洗機などの新家電も置くことができるでしょう。また、大量の食器や調理器具、衣類や本、CDやDVD、趣味の道具などもたっぷりと収納することができます。

つまり、それらには「家賃（住居費）」がかかるということです。

住まいにかかるお金は広さに比例します。

当たり前ですが、同程度のグレードの賃貸マンションであれば、ワンルームよりも1LDK、1LDKよりも2LDK、2LDKよりも3LDKの家賃のほうが、格段に高くつくのです。

モノを所有すればするほど、それを置くスペースが必要です。

私たちはつい、〝モノは財産〟と考えがちですが、とんでもない。モノは所有するだけで家賃というお金がかかる、ものすごい金食い虫であるとあらためて考えてほしいのです。

マス目方式であなたの住まいをチェック！

さて、みなさんはそれだけお金をかけている「住まい」に、何を望んでいますか？

単に寝るだけ、食べるだけの場所、荷物置き場としての場所でしょうか。そんなことはないはずです。くつろぎやリラックス、趣味を楽しむなどの〝心地よさ〟を求める人が大半だと思います。

ただし、家でくつろいだり、リラックスしたりするためには、ある程度のスペース（空間）が必要です。部屋中がモノだらけで、少しの移動もスムーズにいかないような部屋では、きっとストレスがたまってくつろぎやリラックスどころではありません。

左ページを見てください。

たとえば、あなたが36平米の1LDKマンションに、ひとりで月々家賃10万8000円を払って暮らしているとします。

スペースだけで単純計算すれば、10万8000円÷36平米＝3000円。1平米あたり、月々3000円のお金を支払っていることになります。

年間にすると1平米あたり、3000円×12＝3万6000円です。

つまり、家賃の半分以上モノ置き場にお金を払っていることになります。

毎月6万9000円。

年間82万8000円になります。

モノが少ないAさんの場合、残された生活スペースは18平米。比較的ゆったりとした居住空間で生活を送ることができます。

いっぽう、モノが多いBさんの場合、残されたスペースはたったの8平米、これで

1LDK、36m^2のマンション

1マス……1m^2、月々3000円のスペース
……バス、トイレなど水回りスペース
……モノのスペース

Aさん(モノが少ない)

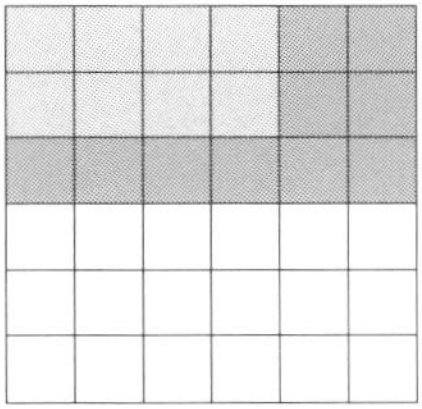

家賃…108,000円
モノに払う家賃(10マス)…30,000円
居住空間に払う家賃(18マス)…54,000円

Bさん(モノが多い)

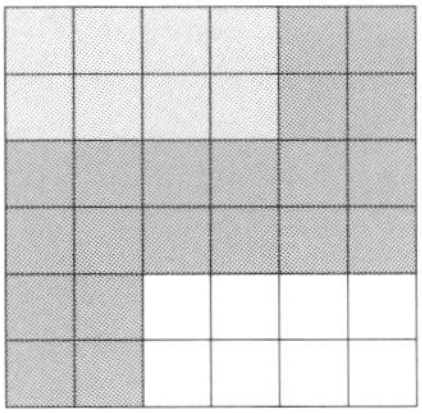

家賃…108,000円
モノに払う家賃(20マス)…60,000円
居住空間に払う家賃(8マス)…24,000円

BさんがAさんと同じゆとりを持とうとすると…

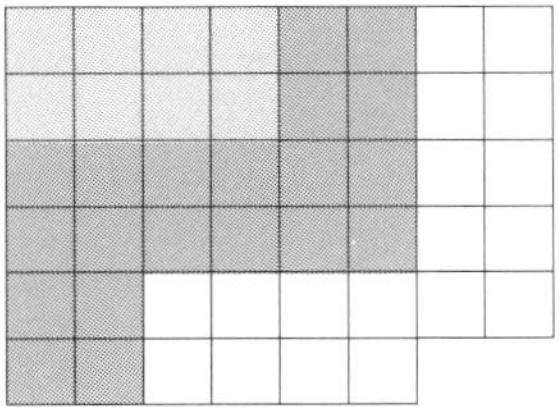

家賃…138,000円
モノに払う家賃(20マス)…60,000円
居住空間に払う家賃(8マス)…54,000円

マス目方式で住まいをチェック!

はせっかくゆとりがあるはずの1LDKに住んでいても、息がつまってストレスがたまってしまいます。

BさんがAさんと同じように18平米のゆとりをつくるためには、モノを処分するか、広いマンションに引っ越すしかありません。

Bさんが生活スペースをつくろうとして、モノを所有したまま広いマンションに引っ越しても、(36平米+10平米)×3000円=13万8000円です。つまり、いままでの家賃よりも3万円アップ、年間では36万円の負担になります。

たくさんのモノを所有することは、大切な空間を犠牲にするだけでなく、大きな経済的負担がかかる行為なのです。

あなたもぜひ、自分の住まいの平米数とモノの分量を考えて、このマス目計算をやってみてください。床から天井まで何もないスペースが、ゆとりの居住空間です。

さて、あなたはモノのために家賃をいくら払っていましたか。

バス、トイレ、キッチンシンクなどを除いたスペースが半分以上モノに占領されていたら、あなたの持ち物は多すぎます。

●1平米あたりの家賃を割り出す

家賃(円) ÷ 住まいのの広さ(平米)

＝

1平米(1マス)あたりの家賃(円)

●モノのあるスペースを概算する

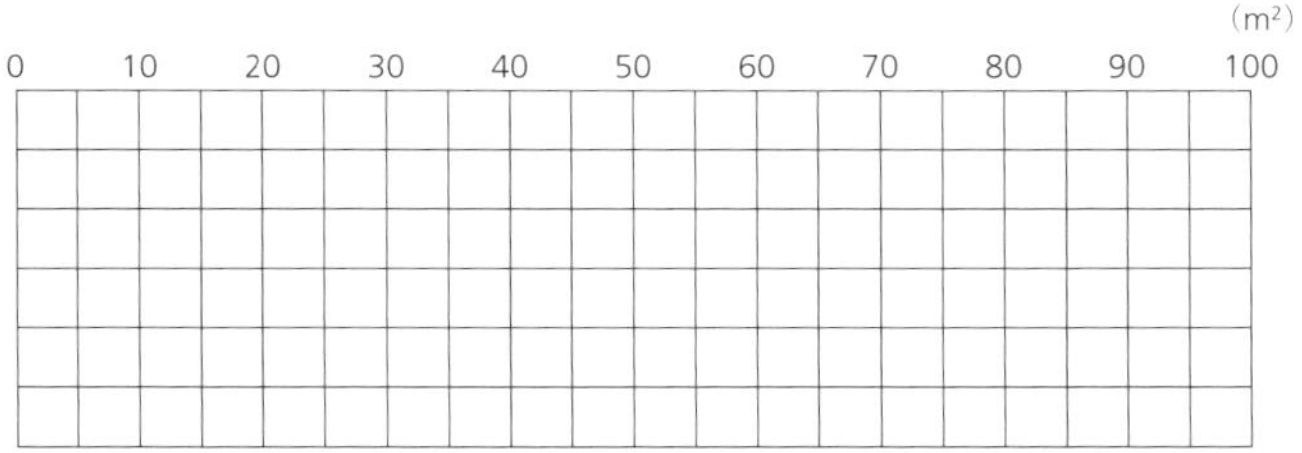

●モノに支払っている家賃を割り出す

モノのあるスペース(平米)[1マス] × 1平米あたりの家賃(円)

＝

モノに支払っている家賃(円)

あなたは"モノ"にいくら家賃を払っている?

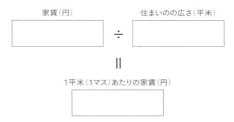

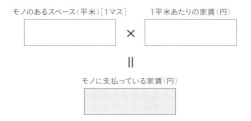

なぜモノが増えていくのか

住まいとモノのバランスが悪すぎる

人間が生活していくうえでの基本は、衣（衣服）、食（食べ物）、住（住まい）です。バランスのよい衣食住が、豊かな人生をつくります。

ひと昔前は、生活するための道具（モノ）も、必要最低限のシンプルなものでした。あなたのいまの暮らしを考えてみてください。

現代社会では、道具（モノ）の存在がとても大きくなっているのです。

衣服はもちろん家電や家具、本、CD、DVDの類から趣味の道具にいたるまで、「モノを持つ」ことの選択肢が増えてきました。「モノを持つ」機会が増えたため、モノの増殖がすさまじくなり、快適な「住」環境をおびやかすことになりました。

諸外国にくらべ、現代の日本人の暮らしは衣食住のバランスが非常に悪く、「ウサギ小屋」とたとえられる狭い住宅環境は、いまだ改善されることはありません。

そして、狭くて小さな住宅にくらべて圧倒的に多いのが、「モノ」なのです。

かつての高度成長期の頃から、日本はどんどんたくさんのモノを生産してきました。「消費は美徳」といわれ、人々はモノを持つことイコール「豊かな生活」であると信じ込んできたのです。

買うにも借りるにも大きなお金がかかる広い住宅より、「モノ」は手軽に手に入ります。数百円から数万円程度で、あなたの物欲を満たしてくれます。おかげで必要のないものまで所有してしまうのです。

成長するにつれ、モノがどんどん増える

小学生の頃のあなたの持ち物は、どのくらいあったでしょう。教科書やノート、文房具、衣類、おもちゃやゲーム、マンガ、本……、好きなキャラクターグッズなどもあったかもしれませんね。

子どもの頃にくらべて、大人になったいまはどうでしょうか。大人になれば経済的にも余裕ができますから、ほしいモノがあれば、手当たりしだいに手に入れることも

できます。

子どもの頃より洋服もたくさん持っているでしょうし、本やCDもたくさんあるでしょう。ゴルフやスノーボード、アウトドア用品などの趣味の道具も持っているかもしれません。親元から独立していれば、家財道具一式や日用雑貨、女性ならメイク道具も所有物に加わります。

左ページの図を見てください。このように、人は成長するにつれ、モノを所有する機会が多くなります。そして、当たり前ですが、モノはどんどん増えていきます。

大学生になったり、就職したり、結婚したり、子どもが生まれたりして環境が変われば、生活用品も増え服の趣味が大きく変わることもあるでしょう。流行も変わってしまうから、いつまでも同じ服を着ているわけにもいきません。趣味だって変わったり、また別のモノが増えたりします。

また、ひと昔前とくらべてみると、パソコンや携帯電話など、「持っていて当たり前」のモノも増えているのです。

人生の転機で、モノが2倍、3倍に増える

成長する過程でも所有物は増えていきますが、人生の転機がきたときにも、モノは

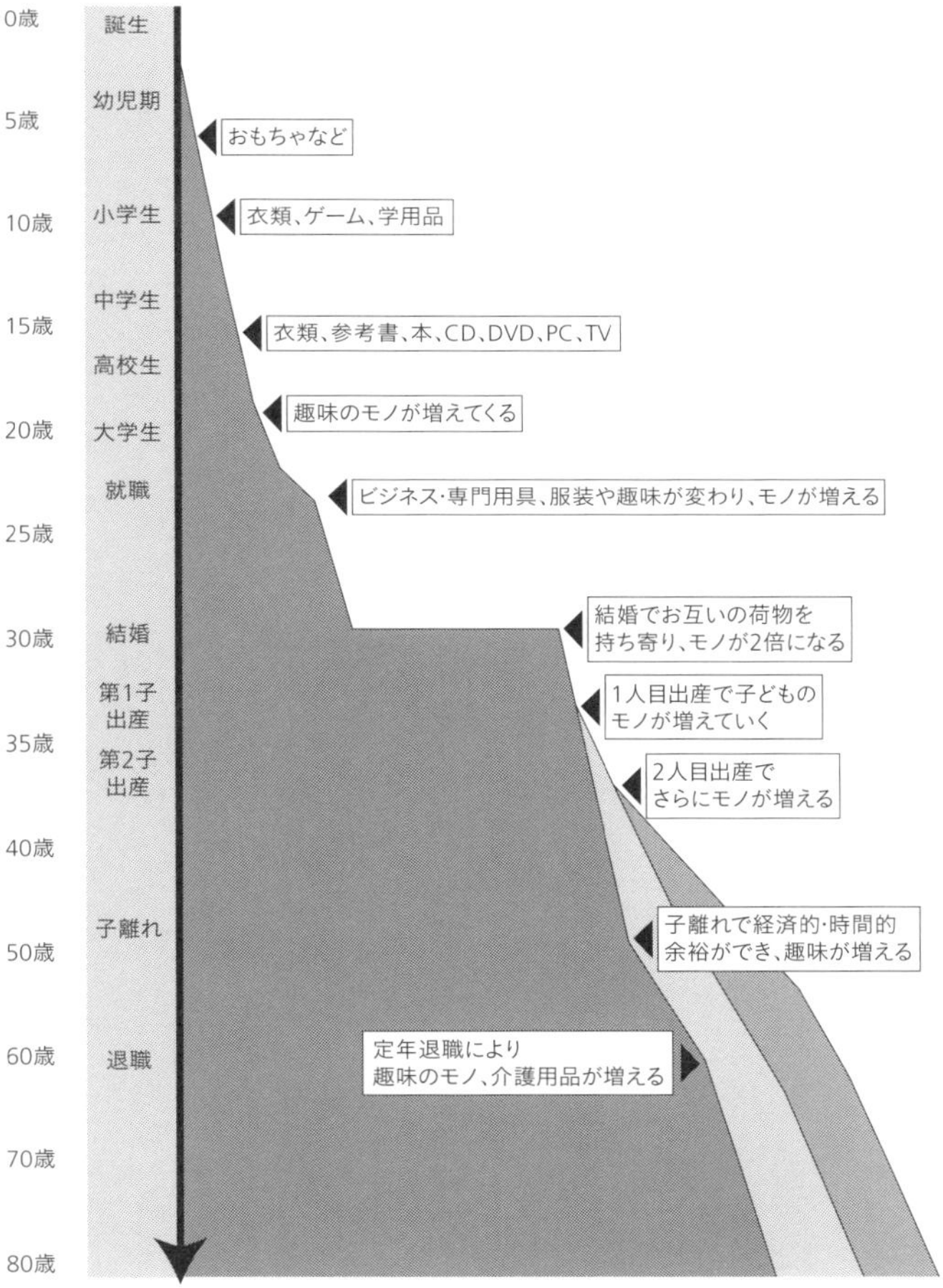
0歳
誕生
幼児期
5歳
おもちゃなど
小学生
10歳
衣類、ゲーム、学用品
中学生
15歳
衣類、参考書、本、CD、DVD、PC、TV
高校生
20歳
大学生
趣味のモノが増えてくる
就職
ビジネス·専門用具、服装や趣味が変わり、モノが増える
25歳
30歳
結婚
結婚でお互いの荷物を
持ち寄り、モノが2倍になる
第1子
出産
1人目出産で子どもの
モノが増えていく
35歳
第2子
出産
2人目出産で
さらにモノが増える
40歳
子離れ
50歳
子離れで経済的·時間的
余裕ができ、趣味が増える
60歳
退職
定年退職により
趣味のモノ、介護用品が増える
70歳
80歳

"モノ"は一生増え続ける！

増殖していきます。

まずは結婚。2人ぶんのこれまでの荷物を一緒にして、さらに新生活に向けて新しい家具や家電をそろえたりしますから、モノの総量は2倍、3倍にふくれあがります。

そして出産。子どもを持てば、ベビー用品や衣類などを購入します。

いまは少子化の時代ですから、子どもにかけるお金も莫大です。

子どもの数は減っているというのに、ベビー用品の類は、ありとあらゆるものがそろい、充実しています。

おもちゃや知育玩具の類も、たくさんの種類があります。大事に育てられている赤ちゃんのいるご家庭などに行くと、大人の私よりもたくさんのモノを赤ちゃんは持っているようです。

そして「歴史は繰り返す」ではありませんが、昔の自分と同様に、子どもが成長するにつれ、モノが増えます。2人いれば2人ぶん、3人いれば3人ぶん、確実にモノは増えていきます。さらにいまは非常にモノに恵まれた時代ですから、自分たちが子ども時代の頃より、モノが増える可能性も高いでしょう。

また、年をとっていく親の世代でも、新しい趣味を持ったりすれば、さらにモノが増えていきます。道具を揃えてスポーツクラブに通いはじめたり、陶芸に打ち込んでみたり、そば打ちにハマってみたり……。

生きていくだけで、まるでネズミ講のように、無限にモノが増えていくのです。

でも、しだいに増えてゆくモノにくらべて、住むところは変わっていません。

モノが多くなればなるほど、引っ越しや建て替えなどは面倒なものになりますから、経済的な余裕があっても、広い住環境よりも手軽な「モノ」にお金を注ぎ込んでしまう人が多いのでしょう。

増殖しつづけるモノに埋もれるように生活している人たちを、私は何人も知っています。新婚時代には広すぎた家も、だんだんモノに浸食されて、そうじさえままならない家になってしまうのです。

■ case01　床もベッドも本でいっぱい

［大学生／男性・20代］

実家暮らし。

自室には大学関係や趣味の本、雑誌などが山のように置かれている。本や雑誌は、常に床に散らばったままで足の踏み場もない。

机やベッドの上も本の山。寝るときは、ベッドの上の本をドサッと床に移動し、起きたらそれをそのままベッドに……という作業を毎朝毎晩繰り返す。

「実は、まだ読んでない本もたくさんあるから、なかなか捨てられないんです。いつか読もうと思っていても、どこにあるのかわからなかったり、買ったことを忘れてしまったりして、同じ本を買ってくることもありました」

洗濯物はたたまずに、クローゼットにぽんぽんと放り込むだけ。クローゼットの中は常にパンパンだ。

「服はいざ着ようと思っても、どこに何があるのかわからず、買ったばかりのものもシワになってみすぼらしく思えてしまって、つい、新しいものを買ってしまうんです」

［主婦（仕事あり）／女性・40代］

■ case02　新築の家に住んでも、心が晴れない……

子どもは大学生と高校生。

子育てに手がかからなくなり、趣味のハンドクラフトに熱中するうちに、雑誌や道具が増えてしまった。

また、室内犬を飼っているので、おしっこをされないよう雑誌やモノをどんどん上に積み上げていくうちに、部屋にあるモノたちが雑然とした印象に……。年々ハンドクラフトで使う布類や道具、新しくはじめたトールペイントの画材などが増え、家は収集のつかない状態になっている。

「子どものモノは成長の過程で処分してきましたが、なぜか自分のモノは処分することができないんですよ。いつかやらなければと思っても、仕事で疲れているから気力が起こらないんです」

4年前に夢の一戸建て新築住宅を購入し、幸せな生活を送っているはずの彼女だが、引っ越してからいまだ封を解いていないダンボールがたくさんあり、まるまる1部屋が荷物で埋まっている。

「せっかく新しい家に住んでいても、なぜか心が晴れないんですよね。いつか、あの部屋を片づけなければいけませんね……」

［会社員／女性・30代］

■ case03　韓流グッズが捨てられない……

数年前から韓流にハマり、好きな俳優の載っている雑誌が捨てられず、ドラマのDVDなども次から次へと購入してしまうという。

「部屋は韓流グッズでいっぱい。何かとお金もかかってしまって貯金も減ってしまいました。買うモノを減らして、グッズも厳選して残そうと思うのですが、なかなか手がつかずに、困っています」

モノがモノを呼ぶしくみ

ひとつのモノを買うと、それに付随してさまざまなモノが必要になるのも、頭の痛いところです。

たとえばクルマを買えば「カーナビが必要だ」「洗車用品が必要だ」「メンテナンス用品が必要だ」、大画面テレビを買えば「新しいAVボードが必要だ」「ついでにブルーレイディスクレコーダーも買おう」「大画面でゲームもやりたい」となります。

ソフトや周辺機器は日進月歩でどんどん進化していきますから、新しいモノを買ったり、買い替えたりして、さらに増えていくでしょう。まさに「モノがモノを呼ぶ」という状態です。あなたの家に、これらのモノを受けとめるだけのスペースは、果たしてあるのでしょうか。

趣味をはじめたり、何かを買ったりする行為には、それに付随するモノの増殖を覚悟しなければなりません。

メディアに踊らされて、モノが増える

テレビCMの罠

テレビを見ていると、民放であればかならずコマーシャルが流れます。番組の制作費やテレビ局の社員の給料を支払っているのは、これらのコマーシャルを流している会社なのですから、当たり前の話です。

クルマ、食品、化粧品、日用品、保険、家……。さまざまなCMが、あなたにモノを買ってもらおうと、必死に訴えかけてきます。モノを買ってもらう、つまり、あなたの大事なお金を出させよう、出させようとしているわけです。

食べ物なら、実物よりも数倍おいしそうに撮って「ほら、おいしそうでしょう。あなたも食べたいでしょう」、化粧品なら、もともと美しいイメージガールを使って

「ほら、これを使えば、あなたもキレイになれますよ」、クルマなら、日本にはないような美しい場所を走って、「クルマがあると、こんなに充実した生活が待っているよ」と、テレビ画面の映像や音があなたに語りかけてきます。

もちろん、こういったCMがすべて悪いわけではありません。なかには本当によい商品もありますし、必要なモノの長所をうまく表現してくれる、情報として有益なCMもたくさんあるからです。

ただ、危険なのは「テレビでCMをやっていたから」という理由で「いい商品に違いない」「買ってみよう」と考えることです。

モノを増やしてしまうのは、CMを一瞬で信じ込む、素直な人たちなのでしょう。

私自身、以前はCMを信じて、シャンプーや化粧品を買ったことがありますが、うたい文句どおりの効果は感じられず、期待を裏切られくやしい思いをしたものです。

最近では私のまわりでも、「派手にCMを流している商品にはすぐに飛びつかないこと。しばらく様子を見て、使った人の評判を聞いてから」という人が増えています。

雑誌の価格が安い理由

雑誌って、安いと思いませんか。オールカラーで写真もたくさん入っていて、たったの数百円です。それに対して、一般書籍はモノクロで写真もないのに1000円〜2000円します。

なぜでしょうか。見ればわかるとおり、雑誌には、たくさんの広告が含まれているからです。広告費が制作費の一部として使われているために、価格も安くなるのです。広告がなければ、雑誌は最低でもいまの倍くらいの価格になるでしょう。広告の入らない、発行部数の少ない雑誌は、価格も高いはずです。

価格が安いというのは私たち消費者にとってはうれしいことですが、きちんと見極めなければならない点もあります。

それは、雑誌全体が広告化していること。

ファッション誌や美容誌、モノ系の雑誌、クルマ誌、ゴルフ誌、旅行誌などでは、購読者層の年代や趣味嗜好にあわせた広告が掲載されます。

本来の記事と見まごうようなタイアップ記事も、たくさんあります。

特にファッション誌や美容誌は、まるで広告カタログのようなものです。雑誌もテレビと同様、スポンサーの悪口は載せられませんから、自然と「この商品はすばらしい」「この商品はここがスゴい」という記事が多くなります。結果として、読者の購買欲に火をつけることになるのです。

インターネットは、モノを増やす悪魔

インターネットで言葉を検索すると、たくさんのショッピングサイトが上位にあがってきます。ネットショッピングを使えば、お店に足を運ぶことなく、さまざまな商品を比較検討して購入できるのですから、便利な時代になったものです。

ネットショッピングの恐ろしさはその「手軽さ」にあります。お店に行く必要もなく、その場で現金を払う必要もなく、クリックだけで商品が注文できる。注文したあとは、品物が届くのを楽しみに待つだけです。

「もうすぐモノが届く」というわくわくした状態は、心が浮き立つものです。ネットショッピングにハマってしまう人は、この「もうすぐモノが届く」という期待感の中毒になってしまうらしいのです。

つまり、ショッピングサイトを検索して商品を注文し、届いた箱を空けるまでが、ネットショッピングの醍醐味なのです。商品が届いてしまえば、心にぽっかり穴が空いたような気分になって、また新しい商品を検索しはじめるらしいのです。

カタログなどによる通信販売もこれに近いものがありますが、この場合は、カタログさえ見なければすみます。ネットショッピングは、日常生活や仕事などでもよく使

うパソコンのなかからあなたを毎日のように誘っているのですから、よりタチが悪いのです。まさに、モノを増やす悪魔のようなものです。

また、ショッピングサイトに会員登録すると「レコメンド（おすすめ）商品」が出てくる場合があります。登録した個人情報やこれまでの買い物履歴から、自動的にあなたにぴったりの商品をおすすめしてくれるというわけです。

さらに「○円以上買うと、送料が無料」という言葉につられて、「あと2000円ぶん買おう」などのよけいな買い物も多くなります。

口コミやレビューも、購買欲をそそります。こういった生の声を読むと「みんながいい商品だと絶賛しているから、私も買おう」と、つい思ってしまうのです。

こんなふうに、次から次へと手軽にモノが買えてしまうのが、ネットショッピングのコワさです。テレビショッピングなどと同様、サイトを見なければほしいとも思わず、買わずにすんだものが、山ほどあるのではないでしょうか。

また、口コミやレビューは、どんな人が書いているのかわかりません。

最悪の場合、サクラによる虚偽の書き込みもあることを、心にとどめましょう。

■ case04　ネットショッピングに依存して……

［会社員／男性・30代］

独身で仕事に忙しく過ごす毎日。以前はワンルームマンションに住んでいたが、経済的な余裕ができたことから2LDKに引っ越した。もともとモノは少ないほうだったが、引っ越してからはワンルーム時代の数倍増えたという。

「仕事で疲れて家に帰ってくると、お酒を飲みながらついインターネットショッピングをしちゃうんです。お酒が入っているから気が大きくなってしまって、レビューを見ているとふだん買わないようなものもポンポン買ってしまったりしていましたね」

ネットショッピングで買ったものは、ほとんどがダンボールで送られてくる。彼の部屋はネットで買った品物とダンボールでいっぱい。なかには封すら開けていないものも……。2LDKの1室とリビングルームはダンボールで埋まっていた。

「クリックひとつで買い物できてしまうから、翌朝には買ったことさえ忘れてしまうこともよくありました。ある日宅配便を受け取ったときに、何が届いたのかもわからなかったんです。この状況に気づいてから、ネットで買い物するのをやめました。増えたモノを少しずつ処分して、いまは広い部屋でのびのびくつろぎたい。ただそれだけですね」

安さにつられて、損をする

いらないモノは、安くても高い

「価格が安い」というのは、私たち消費者にとって大きなメリットです。必要なモノが安く買えたり、値引きされていたりするのは、とてもうれしいことです。

モノを増やす人は、この「安さ」に非常に弱いのです。安い価格でモノを購入することを「得」なことだと考え、「2000円引きで買ったから、2000円得をした」と考えてしまうのです。

これがエスカレートすると、自分の生活にまったく必要ない、関係ないモノまで「安いから」という理由で購入してしまうようになります。

たとえばアウトドアなどまったくやらないのにキャンプ用品を買い込んだり、料理などまったくしないのに鍋セットを買い込んだり……。「安く買えた」ということだけに満足し、使いみちのないモノがどんどん増えていくのです。

安かろう、悪かろう

ディスカウントストアや100円ショップでは、非常に低価格で買い物ができますから、誰でもときには利用することがあるのではないでしょうか。

こういったお店では、日用品雑貨や文房具、お菓子、化粧品などさまざまなジャンルの商品が、狭い店内にぎゅうぎゅうに並べられています。

そうすると、無意識のうちにさまざまな商品が視界に入ってきます。

「せっかくだから、ちょっと見ていこうか」という気分になり、店内を物色しはじめます。そして、商品の安さにつられて、ついつい目的の商品以外のモノを気軽にぽんぽんカゴに入れてしまい、必要のないモノを「ついで買い」してしまうのです。

たとえばガムテープひとつを買いに、ディスカウントストアに行ったはずが、結局10個も20個も商品を買ってしまったなどというのは、よくある話でしょう。

でも、よく考えてみてください。あなたが日頃から大切にしているモノのなかに、ディスカウントストアや100円ショップで買ったモノがありますか。

ディスカウントストアや100円ショップは、商品の安さで勝負しています。当然「質」よりも「価格」が優先されますから、残念なことに、なかには粗悪な品質の商品もあります。安く買ったのはいいけれど、使い物にならなかった、すぐに壊れてしまったという経験をした人も、たくさんいるのではないでしょうか。

安いという理由で、モノを買うべきではありません。「安物買いの銭失い」という言葉があり、安ければ安いほど、質が悪くて長持ちしない可能性が高まるものです。

安いからという理由で買わない

安いから「失敗してもいいや」と思っている人もいるかもしれません。

そんな気持ちで何の思い入れもなくモノを買い、思い入れがないから、大切に扱わず、手入れもせず……。これらのかわいそうなモノたちは、ホコリにまみれて、薄汚れて、あなたの家の押し入れに眠るのです。

デパートのバーゲンで50%オフ、70%オフなどと聞けば「買わないとソン」という気持ちになります。でも、たとえ1万円のセーターが5000円になったからといって、似合わない、着る機会のないモノは、1円の価値もないのです。1円の価値もないどころか、クローゼットのスペースをふさぐ邪魔モノにしかなりません。

空間に家賃を払う

空間は道具

老子の言葉に「空」がありますが、これは「茶碗は中が空いているから、お茶が入れられる。家は中が空いているから、人が入れる」という意味の言葉です。

私は「空間は道具」だと、ずっと考えてきました。人間が人間らしく生きて行くためには、ある程度の〝空間〟が必要です。空間とはモノを置く場所ではなく、空けておくべき場所なのです。空間は心のゆとりを生み出し、ストレスを軽減します。

たとえば、隣のテーブルとのあいだが数センチしかないレストランで食事をすると、せっかくの料理に集中できず、あまりおいしく感じません。空間にゆとりのあるレストランならば、ゆったりとリラックスして食事を楽しむことができるでしょう。

高級レストランや居心地のよいカフェは、「空間」をとても大切にしています。

一流ホテルはなぜ人をリラックスさせ、ぜいたくな気分にさせてくれるのかといえば、計算された十分な空間があるからです。

モノで埋めつくされた空間は、たんなる「物置き」でしかないのです。

モノを置かない私の家を見て「ここにもモノが置けるのに、もったいない」と言う人がしばしばいます。

そういう人は、せっかくの空間を物置きとしてしか見ていないのかもしれません。

家でくつろぐこと、のびのびリラックスするために必要なことを忘れているのです。

私はこれからも、「物置き」のためではなく、自分の健康や運を左右する「ゆとりある空間」に大切なお金を払っていくつもりです。

空間が動線をつくる

「動線」とは、建物のなかを人が行動する線をつないだもの。

間取りや家具の配置で決まります。

よい動線はストレスなくスムーズに行動でき、悪い動線は一つひとつの行動の能率が落ちてしまいます。クルマの運転をする人ならわかると思いますが、運転しやすい道路と運転しにくい道路があるでしょう。それと同じです。

悪い動線の家やオフィスは、人間に潜在的なストレスを与えます。そのせいでストレスがたまり、家ではイライラして夫婦ゲンカが増え、オフィスではいつまでも片づかない仕事ばかりになるでしょう。

飲食店の設計では、店内と厨房の動線が非常に優先されるそうです。もともと動線を考えて設計された家でも、モノで動線が悪くなっている場合があります。リビングではドアやふすまが半分しか開かない、キッチンでは食材や食器の取り出し、収納がしにくい、床にモノが散らばってまたがないと通れない……など。

こういった家は、モノを減らすだけで、かなり改善できます。スムーズに動けず、日々ストレスを感じるなんて、バカらしいと思う価値観の人生を歩んでください。

手放すためのはじめの一歩

買うよりも、手放すことは、多大な勇気と決断が必要なのです。

はじめの一歩を踏み出すには、モノに対する意識を180度覆す必要があります。モノとのつきあい方、つまり人生におけるモノの存在価値を、じっくり見つめ直してみることが必要なのです。

第2章

あふれたモノで失うものは何か

「仕事」を失う

仕事ができない人は、デスクを見ればわかる

オフィスのデスクにたくさんの書類やモノを積み上げたり、散らかしておく人は、たいてい仕事ができません。

なぜなら、モノがあればあるほど、探す時間が長くなります。

書類をごちゃごちゃ積み上げている人は、たった1枚の書類を取り出すために毎回時間を費やし、もたもたして集中力も失ってしまいます。

こういった時間のロスに気づけない人は、たいした仕事をしていない証拠なのです。

また、プライベートである自分の家と違い、オフィスでモノを増やすことは、ほかの人の迷惑になります。

雑然としたデスクまわりを目にしなければならない同僚たちにストレスを与え、オフィス全体の効率を乱してしまいます。

こんな人にかぎって、突然はりきってデスクまわりを片づけはじめるのですが、キレイなデスクは3日ともちません。

自分がどんなふうに仕事をしたいかが見えておらず、モノの配置を工夫しないため、すぐに元の乱雑なデスクに戻ってしまうのです。

仕事ができる人は、デスクまわりにあまりモノを置きません。

現在進行中の仕事に必要なものがすぐに取り出せるよう、スピードと効率を考えた配置が自然にできているのです。

頭の中も、すっきり整理しよう

仕事ができる人は、頭の中を整理するのがうまい人です。

段取りを組んだり、アイデアをまとめたり、仕事を分解して一つひとつ着実に進めていったり……。

ごちゃごちゃしている頭の中をすっきりまとめる思考回路ができているのです。

家やオフィスにたくさんのモノを置かない人は、この頭の中の整理が上手です。

脳と視界というのは非常に密接につながっていますから、モノで埋めつくされた部屋は、思考の邪魔をするのです。

仕事で考えごとをしなければならないとき、まわりがごちゃごちゃしていたら、うまく頭が働きません。

著名なアートディレクターの佐藤可士和さんは、著書の『佐藤可士和の超整理術』（日本経済新聞社）のなかで「整理はもやもやした霧がパッと晴れたような爽快感がたまらない。整理は頭をクリアにして、仕事の効率アップには欠かせない」と書かれています。

ファイル整理、できていますか?

仕事でパソコンを使う人は、非常に多いと思います。

パソコンのディスプレイに、画面全体を埋め尽くすほどファイルのアイコンが散らばっている人をよく見かけます。

私はそういうデスクトップを見ると、「なんて効率の悪いデスクトップだろう」と思い、その人の家の様子やデスクまわりまで想像してしまいます。

まずは、目的のファイルが探しづらくなります。

よぶんにかかる時間は毎回数秒でしょうけれど、積もり積もれば仕事の効率が悪くなります。

またファイルを探すために視線が泳いで、疲れ目やストレスの原因になります。

書類作成にあたってどれが最新のものなのかわからなくなったり、仕上げ前の同じ書類がいくつもあったり、あげくの果てには重要なファイルにかぎって、ゴミ箱に入れてしまったり……。

デスクトップにたくさんアイコンを表示させると、パソコン自体にも負担がかかり、作業効率が悪くなります。

データは場所をとらないので、つい増やしてしまいがち。

でも、いらないファイルを処分する、フォルダで管理するクセをつけられない人は、仕事ができない人だと思います。

「お金」を失う

35年持てば、デッドスペースに1200万円以上かかる！

これまで書いてきたように、モノを所有するだけで、家賃（住まいのスペース）や処分費用として、かなりのお金がかかります。具体的な計算をしてみましょう。

たとえばあなたが今後まるまる6畳ひと部屋ぶん、35年間モノを持ち続けたら、どうなるでしょうか。日本の一般的な家庭の3～4人家族で平均6畳分のモノをいっぱいに詰めた量を所有しています（リサイクル店調べ）。

6畳は約10平米、1平米が月に3000円として、1年間で3万6000円。それを35年ぶんで1260万円（！）。最後にひと部屋ぶんの処分費用が5万円かかるとして、1265万円です。住居費が安い地域であっても、数百万円はかかるでしょう。

モノを持つことには、こんなに多額のお金がかかります。ふだん「お金がない」と嘆く人にかぎって、たくさんのモノを持ち、日々お金を失っているのです。

ムダなモノにつかったお金

モノにかかるお金は維持費用だけではありません。

当たり前ですが、購入時にも、お金を支払っているのです。

あなたの家で使われずに、ただスペースだけをとっているモノに、あなたはいったいいくらのお金をかけてきたのでしょうか。

ためしに、めったに開けることのない押し入れやクローゼットの中のモノの購入価格を概算してみてください。一つひとつはたいしたことはなくても、合計してみると数十万円、数百万円にもなるのではないでしょうか。

自分がいままでいかにムダづかいをしてきたのか、その恐ろしさがわかるはずです。ときには自分がこれまでモノにいくらお金をかけてきたのかを把握し、過去の自分を省みることも必要です。次にモノを持つときに、心にブレーキがかかるからです。

ただし、モノを処分するときには、購入価格を気にしてはいけません。使っていない不必要なモノが捨てられなくなるからです。

「時間」を失う

「モノの管理」に時間を費やす

ここ数年、時間を意識して大切にしようとする人が非常に増えています。かぎられた時間をいかに有効に使うかは、あなたの仕事の成果や生活の充実に、大きな影響を与えるからです。それだけ「時間」というのは貴重なものなのです。

モノは、その大切な「時間」を奪うのです。

考えてみてください。モノが多いと「管理」に時間と手間がかかります。たくさんの衣類は手入れやクリーニングをしなければなりませんし、出す、しまうの作業もたいへんです。

部屋の模様替えをしようと思っても、モノの移動に時間がかかってしまいます。

収納方法に悩んで、収納家具を買ったり、引っ越したり、トランクルームを借りてみたり……。これらもお金だけでなく、時間のムダになります。

「探し物」をする時間で何ができるか

モノが多いと、「探し物」にかける時間が非常に膨大になります。

出かける前には「家のカギがない！」「財布がない！」「あのネクタイがない！」、家にいるときは「爪切りがない！」「ハサミがない！」「リモコンがない！」、仕事をしていても「あの資料がない！」「重要なファイルがない！」、家事をするときも「あの調味料がない！」「鍋がない！」……などなど。

誰しも身に覚えのあることかもしれませんが、モノが多い人の「探し物」にかける時間は、常人の比ではありません。

たとえば毎日30分間を探し物をすると、1年で約182時間（日にすれば1週間以上）。たとえばこれを30年間続けると、228日間も探し物に時間を費やすことになります。

モノを減らして、探しものにかける時間を他のことに使えたら、どうなるでしょう。何百冊の本を読んだり、何千本もの映画を観たりすることだってできます。

ちなみに、平均的なサラリーマンがモノを探す時間は、1年間で150時間だそうです。人生で大切なのは「モノ」より「時間」です。

「ゆとり時間」を失う

モノが多い部屋にいると、なぜか落ち着かない気分になります。視界には常にごちゃごちゃしたモノが映り、焦点が定まりません。たくさんの情報が脳に伝達されて、ストレスがかかるのです。

「私はモノにたくさん囲まれているほうが落ち着くの。だから放っておいて」「殺風景すぎると寂しくなって落ち着かないから」という人もいるでしょう。果たしてそれは本当でしょうか。

モノがないと落ち着かないというのは、片づけられない言いわけか、または心のすき間をモノで埋めているだけのような気がします。

モノのない部屋のほうがよほどリラックスして、心が落ち着くものです。モノが多い部屋に住む人は、決してゆったりくつろぐことができません。本人は気づいていないけれど、いつもほんの少しイライラして、神経が逆立っているのです。

モノが多いと、ゆとり時間をつくることができなくなります。

「人間関係」を失う

「帰りたくない家」が夫婦を壊す

結婚して、夫婦の愛情を育むためのステージが「家」です。

その大事な家がモノに埋めつくされてしまったら、どうでしょう。

仕事で疲れた夫は、家に帰ってもやすらぐことができません。

共働きの場合は、妻もまた同様です。妻が専業主婦の場合、家にいても神経が休まることがありませんから、いつもイライラ、ギスギスしてしまいます。

家にいてもお互いに楽しくありませんから、「家に帰りたくない」という気持ちが強くなります。

仕事帰りに飲みにいく回数が増えたり、デパートなどに寄り道したり、快楽や安らぎを「家以外」の場所に求めるようになります。

その最悪の結果が、浮気です。

実際、家にモノが多いご夫婦ほど、セックスレスになる場合が多いのです。

家族の団らんが消える

以前、私がコメンテーターとして出演したテレビ番組で「なぜか子どもが言うことをきかない。家族の関係がうまくいかない」という悩み相談を紹介したものがありました。

小学生のお子さんがいるそのご家庭は、あまりにもモノが多かったため、部屋は散らかり放題、家族が揃ってダイニングテーブルを囲むことすらできませんでした。

驚くべきことに、子どもたちはテーブルの下や部屋の片隅で食事をとっていたのです。

これでは、家族が幸せになれるはずはありません。

たくさんのモノによって、いつのまにか子どもたちに大きなストレスがかかっていたのです。

このご家庭は「せめて食事をするテーブルだけでも、モノを置かないできれいにしなさい」という私からのアドバイスを実行しました。

その結果、家族揃って食卓を囲むようになり、子どもたちは明るく素直な、勉強のできるいい子に成長しました。

人を呼べない家

「今度、あなたの家でホームパーティをやろうよ」

「一度家に遊びに行ってもいい？」

友人のこんなセリフにも、気軽にうなずくことができません。

「あんなごちゃごちゃした部屋を見られたくないし、そのために片づけようにも、当日までにうまくいくかどうかわからない」

モノがなければ、こんなつまらないことで悩む必要はありません。

「自分の家はプライベートな空間だから、別に人なんて呼びたくない」という人もいるでしょう。

あなたの人生ですから、それはもちろん自由です。

お互いの家でくつろぐような人づきあいがなくても、本人が満足ならそれでいいと思います。

でも、家族のいる人はどうでしょう。

たとえばあなたの子どもが友人から「今度〇〇ちゃんの家に遊びに行きたい」と言われたら？　子どもにだって羞恥心はありますから、幼いながらも「ごちゃごちゃした家を見られたくない」と感じるのではないでしょうか。

また、大人になっても、この問題はつきまといます。

ご実家が片づけ下手のせいで、「婚約者に実家を見られたくない」と、人知れず思い悩んでいる人がたくさんいるのです。

モノをすっきり減らして「いつ、誰に見られても恥ずかしくない家」を目指してみませんか。

■ case05　モノが多すぎる家。ついに夫との別居を決意

［パート／女性・50代］

夫は陶芸が趣味、妻は手芸が趣味というご夫婦。

お互いモノを買うのが好きで、モノが捨てられず、家のなかはどこもかしこも、数十年の結婚生活でたまりにたまったモノであふれていた。

「私も夫も捨てられない性質だったでしょう。夫婦揃ってモノを持つのが好きだから、わかってはいたけど、なかなかはじめの一歩が踏み出せなかったんです。結婚してか

らずっと、モノが多すぎて家の中がいつも落ち着かなかったですね」

定年退職を迎えた夫は一日中家にいるようになり、昼間も趣味のモノを広げて楽しむようになった。

これでは片づけることさえ困難で、ここで一緒に生活をしていくのは無理だと悟った。

お互いに好きなように生きようと別居を決意。

彼女は引っ越すときに、2トントラック5台ぶん（！）の荷物を捨てた。

いまは家に残ったものをせっせとバザーに出している。

一度で5000円ぐらいになるという。

「どんなに古い服でも1枚5円とか、1キロ200円くらいにはなるんですよ。処分するよりいいと思って、せっせとモノを減らしています。でも、油断するとまた増えてしまうけどね。いまは趣味と実益をかねた、充実した人生を送っています。二度と昔のようなモノに囲まれた生活はしたくないんです」

「美しさ」を失う

家の様子が外見にあらわれる！

モノがあればあるほど、服装などの身だしなみが乱れてきます。

男性の場合、スーツやネクタイが多すぎると、一つひとつきちんと手入れをすることができません。

そのため、どこかにシワがよっていたり、サイズがきちんとあっていなかったりして、全体の印象がパリッとせず、だらしないイメージが漂います。

そういった見た目の印象から、上司や同僚からの人望も薄くなってしまうかもしれません。

女性の場合、メイク道具が多すぎると、何をどんなふうに使っていいのかわからなくなります。

結果的に統一感のない、おかしなメイクになってしまいます。

高価そうな服を身につけていても、よく見ると毛クズやホコリがついていたりして、なんとなく生活に疲れた印象をかもしだしてしまうのです。

その人を見れば、だいたい家の様子がわかるといいます。

家にモノが少ない人は、身だしなみも清潔でシンプルなのです。

そうじを楽にする方法

家の中を美しく保つためには、毎日、そうじをしなければなりません。

テレビや雑誌の特集などでは、さまざまな「そうじ術」が紹介されています。

「そうじは上から下へ、奥から手前へ」「まずはホコリをとってから水拭きを」など、そうじのセオリーもたくさん紹介されていますし、「この洗剤が効く！」「重曹と酢でピカピカ」などの特集も人気を集めています。

でも、いくら便利なおそうじグッズを使っても、効率のよい作業をしても、そうじって、やはり面倒なものなんです。

何もしていなくてもホコリや汚れはついてしまいますから、毎日生活していれば、どんな家でもそうじをしないわけにいきません。

メイドさんやお手伝いさんがいれば別でしょうけれど、そんな人はひと握りです。

だからこそ、そうじについて多くの人が悩み、本を買ったり雑誌を読んだりして解決しようとしているわけです。

でも、毎日のそうじを楽にするための解決法は、たったひとつなんです。

そう、モノを減らすことです。

モノが増えれば、そうじ時間が増える

モノが多ければ多いほど、そうじは時間のかかる、面倒な作業になります。

まず、たくさんのモノをあるべき場所に片づけなければなりませんし、露出したモノはホコリとりや拭きそうじが必要です。

モノが多いと家具の後ろやすき間など、掃除しにくい部分も増えますし、家具の移動にもひと苦労。

いくらものすごい洗剤を使おうが、そうじの手順を変えようが、モノがあればあるほど、時間と手間がかかってしまうのです。

そして、だんだんとそうじがストレスになり、苦行になっていきます。

一度そうじを放棄してしまえば、あとは汚れがたまるばかりで、ますます掃除をしなくなる……という悪循環におちいってしまいます。

何もない部屋をそうじするのは簡単です。

まずはざっとホコリをとって、壁や床を拭けばいいだけなのですから。

それだけなら、10分程度でピカピカです。

さすがに何もないというのは極端ですが、モノは少なければ少ないほどそうじが楽になりますから、時間をかけずに美しい部屋を維持することができます。

私は、本来そうじは楽しい作業だと思っています。

汚れたものがキレイになっていくのを見るのは、ストレス解消にもなります。

そうじが終わったあとのキレイな部屋でくつろぐのは、とても気持ちがよいものです。

でも、毎日1時間も2時間もそうじのために時間を費やしていたら、そうじの楽しさも半減どころか、苦しみに変わってしまいます。

ホコリを生み出すモノ

毎日そうじをしていても、いつのまにかたまってしまうのが「ホコリ」です。

この「ホコリ」の正体は、いったいなんなのでしょうか。

ホコリというのは、空気中にある粉塵、花粉やダニ・カビの胞子、人の毛髪や皮膚のカス、衣服の繊維などの小さな粒子が混じって床や家具などにたまったものです。

そして、ホコリの主成分はやはり衣類や布団から出る「繊維」なのです。

布団のある寝室は、ホコリが非常にたまりやすいはずです。

同じように、たくさんの衣類があると、ホコリが増える原因になるのです。

また、ホコリは、紙や食べカスなどからも発生します。

モノが多ければ多いほど、ホコリっぽい家になるのはそのせいです。

そうじグッズでモノを増やす

知り合いの女性に、こんな人がいます。

ひとり暮らしの彼女は、毎日のように「いつか部屋中を隅から隅までそうじをしなきゃ」と考えています。

彼女の家には、住まい用の洗剤が8本、ガラス用、エアコン用、トイレ用などの洗剤が計5本、重曹などのそうじ用グッズを合わせると、洗剤の類だけで30個以上がストックされているというのです。

数年前に買って一度も使っていないものもあるというのに、テレビショッピングやドラッグストアなどでつい買い込んでしまうのだそうです。

私はつぶやきました。

「肝心のそうじをしていないのに、そうじ道具がどんどん増えている……」

彼女はそうじグッズを買うことでそうじをしたような気になって、安心してしまうのです。

そうじなんて、ぞうきん一、二枚あれば十分なのに……。

「健康」を失う

モノのハウスダストからアレルギーが……

前項に書いたとおり、モノが多い家にはたくさんのホコリが舞います。

ホコリといえば、多くの家庭でハウスダストが問題になっています。

ハウスダストとは、カビやダニの糞や死骸などのアレルギーを引き起こすアレルゲンが混在したホコリのこと。

アトピー性皮膚炎や、ぜんそく、アレルギー性鼻炎などの原因になります。

さらに、モノがたくさん置かれたせいで風通しが悪くなった家では、めまいや頭痛、倦怠感などを引き起こすシックハウス症候群になりやすくなります。

シックハウス症候群は、比較的新しい住居の壁や建材などに含まれる有害物質によるものと言われていますが、ダニやカビ、家具や生活用品などから出る有害物質もその原因のひとつなのです。

そうじをしない人の冗談で「ホコリじゃ死なないから」という言葉がありますが、とんでもありません。

モノから出るホコリは、人の健康を害する危険物質なのです。

私の知人は、引っ越しのときに古いアルバムや衣類を整理していたらぜんそくが出て、新しい家に引っ越したら治ったそうです。

モノが多いと、体重も増える

メタボリック症候群という言葉が、すっかり浸透しました。

肥満は成人病などの主要な原因になり、健康を大きく損なうというのは、周知の事実でしょう。

家にモノがたくさんある人は、なぜか体重も増えていく場合が多いと、ある雑誌のライターさんから聞いたことがあります。

モノを捨てられない、必要のないモノを買う、いつまでもとっておくという行動が、そのまま食生活にも当てはまるからなのだそうです。

たとえば、スーパーで半額のお惣菜を見つけると、つい「買わなければソン」と考え、満腹になっても「もったいない」という理由で、つめこんでしまうのです。

あなたの胃も家と同様、スペースに限界があります。

適正量を超えた食べ物は、脂肪となって、あなたのお腹まわりにムダな贅肉をつけてきます。

ダイエットをしたい人は、まずはモノを減らしてみましょう。

自然に自分の適正な食事量がわかるようになり、食べ物を買う量が正常に戻り、体重が減ってくるはずです。

■ case06　部屋を片づけたら、体調がよくなった

［会社員／女性・20代］

広い一戸建ての実家暮らしのため、収納には恵まれていた彼女。

その収納場所の多さに油断して、ついついモノをため込んでしまっていた。

なんとなくストレスがたまって、体調もよくない日々が続いていたある日、ふと気づくと、自室にはほしくもないのにゲームセンターのＵＦＯキャッチャーで手に入れたぬいぐるみ、読んでそのままになっていた本などが山のように置かれていることに気づく。

一念発起してモノを捨てはじめた。

本は大切なものを少量残して、ブックオフに引き取りにきてもらい処分した。

ぬいぐるみはすべて捨てた。

「部屋によけいなモノがなくなったら、今度はきれいな部屋を保ちたくなりました。部屋のデスクをきれいにする習慣をつけたら、『ここだけは汚したくない』と思うようになり、部屋全体も散らかることがなくなりました。部屋がストレスの原因でした。この居心地のよい空間を、維持していきたいですね」

■ **case07　デスク下の荷物のせいで、マッサージ貧乏に……**

［会社員／女性・20代］

仕事が忙しく、オフィスで書類や仕事の道具を片づけるヒマがない。

書類をつぎつぎにデスク下のダンボールへ放り込んで、どんどんたまってしまった。

そのため足が伸ばせず、体の不調に悩んでいた。

「ずっと冷えやむくみ、下半身のだるさで悩んでいました。週に数回はマッサージに通い、マッサージ代が月数万円かかってしまうことも。ある日、原因がデスク下のモノだということに気がつきました。荷物を片づけたら、足の悩みが改善されました」

「心」を失う

「人」より「モノ」を愛する

モノに依存している人は、一度「あれがほしい」と思い立つと、いてもたってもいられません。

一日中、そのモノがほしいという気持ちに脳を占領され、手に入れるまでは仕事や勉強などに集中することができなくなると言います。

友人や恋人、家族と遊びに出かけても、

「ここまで来たからには、あれを買わなくちゃ」

「荷物は増えるけど、あれをどうしても買って帰らなきゃ」

とモノのことばかり考えて、楽しむことができません。

言うなれば、モノに心をむしばまれてしまった状態なのです。

そうした人たちは、すべての優先順位が「モノ」になりますから、人の気持ちを考えたり、人にやさしくしたりすることがむずかしくなります。

このような人を何人か知っていますが、人よりモノを愛するばかりに、知らず知らずのうちに相手の心を傷つけてしまうことも、とても多いのです。

やる気や集中力が消えていく

モノの多い家にいると、仕事や勉強に対する意欲もそがれてしまいます。

モノのことばかり考えていると集中力がなくなりますし、ごちゃごちゃした家では心身ともにリラックスができませんから、脳が休むことができません。

そうなれば、「オン」と「オフ」の切り替えができなくなります。

「オン」と「オフ」がしっかり切り替わらないと、仕事や勉強に対する気持ちもどんどん萎えていきます。

職場や学校に行っても緊張感が生まれないために、成果をあげることもできなくなります。視界にモノがたくさんあると、常に精神も休まりません。

いつもイライラして、神経を尖らせていますから、人を羨んだり、くらべたりして、勝手にストレスを抱え込んでしまうのです。そしてストレス解消のために、またモノを増やすという繰り返し。モノはあなたの人生を崩壊させるほどの威力を持つ、恐ろしいモンスターなのです。

心の穴を、モノで埋める

モノに囲まれている人は、現状に満足することはありません。常に焦燥してモノを求め、モノを手に入れればまた次のモノがほしくなる……この繰り返しです。

なぜ、モノを持ち続け、そして買い続けるのでしょうか。世の中には、そうせざるをえない人たちが、たくさんいるのです。彼らの心の中には穴が空いています。その心の空虚感を埋めるすべがわからず、必死でモノを買って埋めようとするのです。

でも、モノで心は満たされません。一時的な穴埋めにしかならないから、さらにモノを買い続けるのです。不安なこと、ストレスを感じていること、不満なことがあって、自分でもそれがなんなのかわからないのです。つらい現実から逃げて、一時の安息を得るために、モノを買うのだと思います。

一度モノと決別してリセットしてみれば、本当の自分が見えてくるかもしれません。

モノを手放せば、人生が豊かになる

モノを失って、手に入れるもの

本章では、モノを持つことによって失う貴重な仕事やお金、時間、健康などについて述べてきました。

モノを処分することとは、ある種の恐怖です。

二度と使うことのない不要品でも、購入したときの価格や思い入れ、まつわる思い出などを考えると、失うことが怖くなるでしょう。

でも、モノを手放すことによって、手に入れられるものもたくさんあります。

それは、目に見えないものかもしれません。あなたの家のスペースをつぶすこともなく、お金もかからず、あなたの人生をよりよい方向に変えてくれるのです。

ポジティブな人生を歩もう

モノに囲まれていると、自分の状況が見えません。

人生に対する視界がくもってしまうのです。

モノを手放すと、自分自身と向き合えるようになります。

モノへの執着が消え、雑念がなくなるために、いま現在の自分自身の姿がよく見えてくるのです。

「自分はこれから、どう生きていきたいか」

「よい人生を歩むためには、どうすればよいのか」

「いま、何をすべきか」

がわかるようになります。

そうすると、自然に自分自身を磨こうという気持ちになるのです。体を鍛えるためにスポーツクラブに通いはじめたり、資格の勉強をはじめたり、仕事に熱中したり……。

モノがあったころよりも、自分に愛情を持てるようになり、ポジティブな気持ちになれるのです。

第3章

モノへの常識を、180度変えてみる

モノは使ってこそ生きる

100円のボールペンと10万円のスーツ

モノの価値というのは、人それぞれです。

生き方や仕事、趣味によって変わってきます。

それは決して値段ではありません。

毎日ペンを使って稼ぐ人もいれば、パリッとしたスーツを仕事の武器にしている人もいます。

前者の場合はペンに価値があり、後者の場合はスーツに価値があるのです。

あなたの持ち物のなかに、毎日使う100円のボールペンと、2年前に一度だけ着た10万円のブランドスーツがあったとします。

このボールペンとブランドスーツ。

あなたはどちらに価値があると思いますか。

「もちろん、10万円のブランドスーツに決まっている！」と考える人が大半でしょう。

私はそうは思いません。１００円のボールペンも10万円のブランドスーツも、生活を豊かにするための道具であることに変わりはありません。では、道具はなんのためにあるのでしょう。

「使う」ためにあるのです。

使わないモノに、道具としての価値はありません。

つまり、使用頻度が高ければ高いほど、モノとしての高い価値があるのです。

ですから、私がより価値があると思うのは、１００円のボールペンです。

ここで「いますぐ10万円のスーツを捨てなさい」などという暴言を吐くつもりはありません。

ただ、「10万円もしたから価値がある」「１００円だったから価値がない」という考え方を、一度頭の中から追い払ってみてほしいのです。

毎日使う１００円のボールペンには、めったに着ることのない10万円のスーツ以上の価値があることを忘れないでください。

「いつか」がくるころにはもう遅い!?

もちろん、2年前に一度しか着ていない10万円のスーツだって、いつか本当に着る機会があるのなら、価値があるのでしょう。

問題なのは、その不確定な「いつか」のために、めったに袖を通さないスーツにクローゼットのスペースを与え続けなければならないことです。

しかも、古い洋服というのはいつのまにかデザインが古くなってしまったり、体型が変わって着られなくなったりすることが多いですから、実際にはそのまま袖を通すことなく〝たんすのこやし〟になってしまうことが多いのです。

また、いざ着ようと思ったときに虫食いで穴が空いていたり、シルクなどは変色してしまっていたりすることもあります。

時計やベルトなども、時間がたてば金属部分がサビたり、黒ずんだりします。

冠婚葬祭用の靴なども、いざというときにかかとが取れていたり、靴底がぼろぼろになっていて使いものにならなかったということもあります。

使えないモノにお金をかけない

100円のボールペンと10万円のブランドスーツは、決して極端な例ではありません。

モノをためこんでしまう人のなかには、こういったお金のつかいかたをする人がとても多いのです。

毎日使うマグカップやボールペンは100円ショップなどで適当に選び、使用頻度の極端に少ない使いにくそうな高級食器や、ふだんつけられない派手なアクセサリーや時計などに、驚くほどのお金を使うのです。また、趣味が高じてクルマを何台も所有したり、たんすに収まりきらないほどの着物を所有したり……。

毎日使うモノをぞんざいに扱って、めったに使わないモノにものすごい価値があるかのように、後生大事にとっておくのです。

「私は高級食器を集めるのが生きがいなの!」「俺は腕時計を集めるのが唯一の趣味なんだ!」と自信を持って言いきれるのならば、そういうお金のつかいかたもアリ。

でも、そこまでの情熱がないのであれば、使わないものにお金をかけるなんて、なんというもったいないお金のつかいかただろうかと思ってしまいます。

毎日使うモノだから、とことんこだわる

毎日使うモノこそ、道具として高い価値があるのです。

ですから、使用頻度の高いモノを購入するときは、使い勝手や質、デザインなどに徹底的にこだわること。

毎日使うモノに愛着がわけば、生活が楽しく、豊かになります。

多少値段が張ってもいいのです。

めったに使わないモノにお金をかけるよりも、よほど正しいお金のつかいかただと思いませんか。

私なら、毎日使う筆記具は、書き心地のよいシャープペンか万年筆を選ぶでしょう。毎日使うマグカップはお気に入りのブランドの好きなデザインのものを購入して、大切に使います。

そのかわり、めったに使わない不必要なモノなど、いっさいほしくありません。

私の家はモノが極端に少ないのですが、必要でないモノを、家においておくことがイヤなのです。よけいなモノが家にたまればたまるほど、毎日が憂鬱になり、ストレスもたまっていくのです。

以前、読売新聞の記者の方が、私の家に取材にいらしたときのこと。その方はあまりのモノの少なさに驚かれたのか、家中を見まわして不思議そうな顔で「これだけですか？」とおっしゃっていました。

また、こんなこともありました。

私の夫がチェーンのお寿司屋さんで「お買い上げごとにグラスをプレゼント」というキャンペーンにつられてお寿司を買ってきたことがあります。

それを見て、「どうしてよけいな買い物を！」と、お寿司をよろこぶよりも先に、思わずこんなセリフが私の口から出ていました。「グラスがもらえるんだから得じゃないか！」と思った夫と大ゲンカになったほどです（いまとなっては笑い話ですが）。

そのグラスのデザインや形が悪かったわけではありません。必要でないモノを家に置きたくないだけなのです。ささいなモノでも、いざ処分するときには、罪悪感と決断が必要です。だからこそ、むやみにモノを増やしたくなかったのです。

物欲をなくす方法

不思議なことに、毎日使うモノを「お気に入り」のモノ、「こだわり」のモノに限定していくと、物欲が消えていきます。

毎日使うモノ＝身のまわりにあるモノです。

自然と好きなモノたちに囲まれて生活することになりますから、持っているモノは少なくても、所有の満足度が非常に高くなります。結果的に、「今度はこれがほしい、それからあれもほしい」という気持ちがなくなるのです。

また、お気に入りのモノ、こだわりのモノを使っていると、モノを大切に使うようになります。そして、モノに感謝する気持ちが生まれます。

使わないモノを所有することは、モノに対して失礼なことです。

ですから、何かを買うときにもよく吟味して選び、本当に必要かどうかを検討するようになります。

その結果、ムダ買いや衝動買いもなくなります。

また、日用雑貨などの消耗品や食料品なども最後まできちんと使いきるようになり、生活のムダも減ります。

モノをきちんと使いこなすことで、そのモノが好きになり、物欲がスルスルと消えていくのです。

やっぱりミニマムライフを目指せ

幸せなモノ、不幸なモノ

同じ屋根の下で、あなたと一緒に暮らすモノは、家族のようなもの。

使わないモノを持ち続けることは、モノへの冒瀆《ぼうとく》です。

「もったいないからとっておこう」と、ほとんど使われることなくしまいこまれたモノは、たんすやクローゼットの奥で、寂しい思いをして泣いているのです。

私たち人間の人生だって、おいしいものを食べたり、一生懸命仕事をしたり、思いっきり遊んだりしてこそ輝くものです。ときにはつらいこと、悲しいこともあるでしょうが、それも乗り越えてこそ、成長することができるのです。

楽しいこともイヤなこともなく、何も起こらない人生なんて、まるで牢獄にとらわれているようなものではないでしょうか。

穴が空いてもつくろいながら履き続けて最後はすり切れてしまった靴下、インクがなくなるまで使ったボールペン、最後の一滴まで大切に使った化粧品……。これらのモノのおかげで、あなたの仕事や勉強がはかどったり、きれいになったりすることができたのです。

このように、きちんと使い込まれたモノたちは、モノとしての一生をまっとうしたことになります。最後は捨てられても、幸せな人生(?)だったといえるでしょう。

でも、そこまで使い込むためには、やっぱり使う側が、モノを愛せないとダメなのです。モノを愛し、使い込む過程は、私たちが一生懸命生きた証でもあります。

モノであふれた時代だからこそ、モノを持つときは慎重に、吟味すべきなのです。何しろこれから一緒に暮らす大事な家族なのですから。

安易にモノを所有することは、モノの一生を台無しにしてしまうことになります。あなたの家のクローゼットに眠っている洋服も、他の人のところなら、何度も着てもらえたかもしれません。

使ってもらえないモノは、あなたのことをうらんでしまうかもしれませんよ。そう考えたら、たくさんのモノを持つことがコワくなりませんか。

忘れてはならないのは、モノをつくった人もいるということ。一つひとつのモノを使い込むことで、つくった人、使った私たち、そして、モノ自体も幸せになるのです。

少ないモノを大事に使う

あなたがすべきことは、とにかく持ち物を減らすことです。

持ち物が少なければ、当然一つひとつのモノの使用頻度は上がります。モノもよろこんで、あなたの運をあげてくれようとするかもしれませんね。

たとえば仕事用のスーツが10着も20着もあったら、めったに着ることのないものが増えるでしょう。だって、あなたのカラダはひとつしかないのですから。

こまめに洗濯やクリーニングをすれば、スーツもワイシャツも、ほんの少しで十分足りるはずです。

それに、スーツがたくさんあれば、クリーニング代だってバカになりません。ですから自然と手入れがおろそかになります。

コートなどもたくさんあればあるほど使用頻度が下がり、「今年は一度しか着なかったから、クリーニングなんていいや」と、何年もホコリっぽいままのものがあるのではないでしょうか。

2、3着のスーツやコートをていねいに手入れして、清潔に着こなしている人のほうが、おしゃれで素敵だと思いませんか。

洋服類は着倒して、古くなったときに新しく機能的なデザインのものを買うほうが、合理的です。モノの数は必要最低限に抑え、一つひとつを大事に使ってあげましょう。

よく使うモノは使いやすい

もちろん、これは服にかぎらず、何にでもいえること。食器やタオル類なども、必要最低限。使いきれないモノを持つ必要はありません。まさに、ミニマムライフです。

わが家はお皿だってよく使うものが5、6枚くらい、調理器具も大、中、小の鍋とフライパンがあるだけです。ですからキッチンに大きな食器棚を置く必要もありません。備えつけの収納だけで、十分すぎるほどです。

モノをため込む人たちから見れば「えーっ、たったそれだけ？」と驚かれるかもしれません。でも、何の不便もないどころか、取り出すのも洗うのもしまうのも、とても楽ちんなのです。

よく使うモノは使い勝手のコツを覚え、手になじみますから、とても使いやすいものです。

収納家具の大罪

収納グッズは新たな負債

巷には「収納グッズ」や「収納家具」があふれています。

雑誌などでも「収納術」「整理術」は人気の特集記事です。

「CDが200枚収納できるラック」「本が300冊置けるブックシェルフ」「すき間にぴったり収まる便利棚」「押し入れスペースを最大限に活用する衣類ケース」「積み重ねができるチェスト」「壁面を100%使えるウォールラック」「収納機能つきのベンチ」「布団が小さくしまえる圧縮袋」……。

少し例をあげただけでも、たくさんの種類の収納グッズ、収納家具があります。みなさんの家にも、こういった商品がいくつかあるのではないでしょうか。

私が不思議に思うのは「なぜ、みんなそんなに収納したがるのか」ということです。収納するモノというのは、あまり使わないモノなのではないでしょうか。

使わないモノは、いらないモノ、ムダなモノです。

ムダなモノという負債をごまかすために、新たに「収納グッズ」というムダなモノを持たなければならないなんて、本末転倒だとは思いませんか。そうやって、あなたの持ち物がどんどん増殖していくのです。

家具というのは、暮らしを豊かにしてくれる道具です。

食事をするためにはテーブルや椅子が必要ですし、快適に眠るためには布団やベッドも必要です。

本棚やたんすも、質のよいものを選べばそれこそ一生使えますし、お気に入りのデザインの家具は心の栄養にもなります。

でも、いたずらにモノを増やすための収納家具は、暮らしを豊かにする家具とはいえません。

現在の家のスペースからはみだしたモノは、しまい込まずに処分するよう、心がけましょう。

空間をつくることを優先するのです。

悪魔の収納術

押し入れやクローゼット収納について、よく「いままでこれだけしか入らなかったけれど、工夫次第でこんなにたくさんのモノが収まりました！」というような収納術の記事を見かけます。

しかし、私はそういう「収納術」の記事を目にするたびに、ムダな努力を教えていると思えてならないのです。

なぜなら、モノを捨てられず、なんとか収納しようとする人は、しまえばしまっただけ、また新たにモノを増やすからです。収納したモノのことはすっかり忘れてしまい、新たなスペースができたぶん「また新しいモノが買える、置ける！」と考えてしまうのです。

これは、ちょこちょこ借金をしてしまう人の思考回路に実は似ています。返済日にやっとお金を返したかと思えば、「よし、これでまた借りられる！」という具合……。とても恐ろしい悪循環なのです。

収納ケースにびっしりしまいこまれた洋服は、毎日悪い〝気〟をまき散らしているかもしれません。もしくは収納されたままモノとしての一生を終え、ひっそりと孤独死してしまっているかもしれませんよ。

収納グッズや収納術は、モノという負債を増やす高利貸しのようなもの。モノを減らしたい人にとって、悪魔のような存在なのです。

見せる収納、見せない収納の勘違い

収納術でよく聞く言葉に、「見せる収納、見せない収納」というものがあります。「見せる収納」は写真立てやきれいなビン、洋雑誌など、見えてしまってもかっこよく見えるモノを棚などに置き、隠さずに装飾として収納する方法。「見せない収納」は洋服やリネン類、本などを、トビラがしまる収納家具に入れ、見えないようにしまっておくという方法です。

はじめのうちは、これでもいいのです。部屋はなんだかスッキリして、おしゃれになったような気がしますし、見えないように隠したモノも、何をどこにしまったか、なんとなく覚えています。でも数ヵ月たてばどうでしょう。

人間は、目に見えないモノのことは、だんだんと忘れてしまうものです。どこに何をしまったのか忘れてしまい、「あれがない、これがない」と探しまわるようになります。また、「見せない収納」として奥にしまい込んだモノの存在を忘れて、新たに似たようなモノを買い込んだりします。

そして、見せる収納をしていたおしゃれなモノは、そもそもあまり使用頻度が高くありません。そういったモノに、よく見えて、取り出しやすい収納場所を与えているのですから、使い勝手が悪く、ストレスがたまるというわけです。

また、よく使うモノにはホコリがたまりませんが、使わないモノをむき出しのまま置いておけば、こまめにそうじをしないとどんどんホコリがたまって、部屋は薄汚れた印象になってしまいます。

収納方法に悩んでいるなら、「見せる収納」「見せない収納」はやめてしまうことです。

とにかくモノを減らしてみましょう。

そうすれば、使うモノだけが残って、スッキリした部屋になります。

収納方法の正解は?

正しい収納方法とは「よく使うモノが取り出しやすく、また片づけやすい収納」です。

毎日使うモノ、よく使うモノはすぐに取り出せる場所に置き、あまり使わないモノでも、モノの存在を忘れてしまわないよう、わかりやすい場所にしまいます。

ですから、収納家具も「いかにモノがたくさん入るか」ではなく、「いかにモノが取り出しやすいか」が重要なのです。

家具の配置も「いかに効率的に置くか」ではなく、「生活パターンに合わせていかに動きやすいか」を第一に考えます。また、つくりつけの収納なども「どれだけ広い収納か」よりも、「どれだけ使いやすい収納か」のほうが大切なのです。

あまり使わないからといって、ダンボールに詰め込んで封をし、押し入れの奥に眠らせておくような収納は、絶対にしてはいけません。

押し入れやクローゼットを開いても、目に見えず、どこにあるかわからないのでは、そのモノは存在しないのと同じことになります。道ばたの石ころ同然なのです。

そして、存在しないモノに貴重なスペースを与え続けることになります。それならば、処分してしまったほうがスッキリします。

「見せる収納」を実践したいなら、よく使うモノを見せるようにすること。よく使うモノこそ、デザインや質のよいものを選ぶことで、本当に使えるモノをインテリアの一部にするようにしましょう。

片づけビジネス、ハウマッチ？

いつかかならず、手放す日がくる

第1章で「モノを持っているだけで、お金がかかる」と書きました。そこで反論をしたくなった人もいるのではないでしょうか。

「広い持ち家にローンもなく暮らしているから、モノの置き場所には困らない」

「不要な荷物は田舎の広い実家に送っているから、大丈夫」

こういう人たちもいるでしょう。でも、果たしてそうでしょうか。

モノの所有にお金がかかるのは、スペースだけではありません。

いつかかならずやってくる「処分する」ときにも、大きなお金がかかるのです。

私たち人間には、誰でもかならず天寿をまっとうする日がやってきます。

実家に自分の荷物を置いているという人も、ご両親が永遠に生きながらえてあなたの荷物を守ってくれるわけではありません。悲しいことですが、いつかかならず亡くなってしまうのです。そんなとき、ご実家の荷物を整理しなければならないのは、子どもであるあなたです。

また、自分の家が広いからといってモノをたくさん置いている人も、いつか自分の命の火が消えるときがやってきます。そんなとき、残されたたくさんのモノを、誰かが処分しなければならないのです。

遺品整理にはいくらかかる?

最近、「不要品片づけます」というチラシがたくさん家のポストに入っています。いわゆる〝片づけビジネス〟です。チラシの数でもわかるように、以前にくらべてこういった片づけビジネスの不要品回収業者が、信じられないほど増えています。それだけこのビジネスに需要があるということでしょう。

こういった業者にお願いすると、一般ゴミはもちろん、いらなくなった家電や家具、パソコン、布団、本を引き取ってくれます。もちろん、ただで引き取ってくれるわけではありません。一つひとつのモノに数百円～数千円の費用が発生します。

こういった不要品回収業者に片づけをお願いするのは、引っ越しなどで荷物をまとめて処分しなければならない人、ゴミや不要品をためすぎて身動きできなくなってしまった人など。そして非常に多いのが、親の「遺品整理」なのだそうです。

親が亡くなったからといって、悲しんでばかりいられないのがいまの世の中。

この「遺品整理」には、いったいどのくらいの費用がかかるのでしょうか。

業者やモノの量によって費用は変わりますが、狭いアパート暮らしでモノが少ない人で5～10万円、こぢんまりした2DK～3DK程度のマンション暮らしの人で10～30万円、3LDK以上の広い家に暮らしていた人は、なんと30～50万円ほどかかります。さらに、仏壇やピアノなどの特殊なモノ、庭の物置など解体が必要なものは追加料金がかかります。

お年を召した方の言葉で「迷惑にならないよう、自分の葬式代くらいはちゃんとためておきたい」というものがありますが、とんでもありません。亡くなったときには、お葬式代＋莫大なモノの処分代がかかるのです。まさに「天国への引っ越し」ビジネスです。

モノは持っているだけでも「住居（スペース）費用」としてお金がかかるだけでなく、処分するときにも「処分費用」というお金がかかる、まさに〝負債〟なのです。

高い？　安い？　トランクルーム

片づけビジネスと逆の発想で、トランクルームやコンテナボックスをレンタルするビジネスも盛況です。

これはモノを置くためだけに小さなスペースを貸してくれるサービスで、都心ではビルのなかの小さな1室を借りるトランクルームタイプ、地方では屋外にあるコンテナボックスタイプが主流です。

さて、これらの費用はいかほどでしょう。

都心のトランクルームの場合、0・5畳～3畳ほどのスペースで月額1万円～5万円くらい、地方のコンテナボックスの場合、1畳～8畳ほどのスペースで月額3000円～3万円くらいが相場です。いずれも、場所の地価によって値段が変わることが多いようです。

モノのために引っ越すよりは割安ですし、モノを痛めないよう空調機能や保険などのサービスがあるのも人気の秘密なのだそうです。これを高いと感じるか、安いと感じるかはあなたしだい。

私にしてみれば、使わないモノのために新たに家賃を払うなんて、信じられないことです。よほど事情のある人でもないかぎり、お金のムダだなあと思ってしまいます。同時に、モノを持つことはお金がかかるのだと、あらためて実感させてくれるビジネスです。

ゴミを処分するにもお金がかかる!

あなたの持ち物、粗大ゴミにしたらいくらかかる?

ご存知のように、遺品整理のような大がかりな処分でなくても、家具や家電は手放すときにお金がかかります。

あなたが気軽な気持ちで購入した収納家具や家電も、いざ捨てようとすれば粗大ゴミ収集料金というお金がかかります。

さらにエアコン、テレビ、冷蔵庫、洗濯機などのリサイクル家電は、リサイクル費用(3000円~5000円程度)と収集運搬費用(3000円~5000円程度)をあわせて6000円~1万円程度のお金がかかります。

ゴミの日に出せる一般ゴミとくらべて、日時の予約を入れて地域によっては出す数を二点までと決まりがある。さらにお金がかかるのですから、精神的にも処分しにくいのです。

たとえ経済的に余裕があったとしても、よく考えずに大型家具や家電を買うのは考えもの。処分しにくい負債が、あなたの家にどんどんたまっていくだけなのです。

あなたの宝物も、他人にとってはただのゴミ

モノをためてしまう人は、自分の持ち物に買ったときと同様の価値があると考えてしまいがちです。

「あのソファセットは30万円もした」
「この総桐のたんすは40万円で買った」
「このスーツは15万円だった」

そう考えると、たとえ使っていない不要なモノでも、大切な財産のように思ってしまうかもしれません。

でも、実際は違うのです。

買ったときの値段で考えれば、あなたの家のモノは合計数百万円、もしくは数千万

円になるかもしれません。でも、リサイクル業者や不要品回収業者に見積もってもらえば、数万円～数十万円のマイナスにしかなりません。

不要品の処分でも「まだ使えるんだから、リサイクルとして引き取ってほしいのに」と思うかもしれません。でも、世の中それほど甘くはないのです。

リサイクルショップなどでまともな値段がつくものは、最新式の家電やパソコンくらい。それでも、一度でも使ってしまえばモノとしての価値は格段に下がります。比較的新しいブランド品や宝石類はそれなりの値段がつくこともありますが、それでも購入価格とくらべれば二束三文です。

「高かったから」「いつか使えるから」「質がいいから」などと、あなたが長いあいだ大事に所有しているモノは、値段がつかないどころか、ただで誰かにあげようとしても、迷惑がられるシロモノが大多数なのです。

誰もあなたのモノなどほしがりません。

紙クズを手放すにもお金がかかる

モノは「いつか使うもの」ではなく、「いつかさよならするもの」と考えましょう。

モノを購入するときには、かならず「最終的にはどうやって処分するか」をイメージする習慣をつけてください。そうすれば、大きな収納家具や家電などは、そうかんたんに購入することはできなくなるでしょう。

家具や家電だけではありません。家庭から出る一般ゴミも、捨てにくい世の中になってきました。

店舗や事務所、会社などから出る事業系ゴミは、全国7割以上の自治体で有料です。家庭ゴミに関しても、ゴミ袋を有料化する自治体が全国的にどんどん増えています。有料ゴミ袋の料金は自治体によって差がありますが、たとえば45Lの可燃ゴミ袋が1枚50〜80円と、家計を十分圧迫するほど高額な地域もあります。

また、紙などの可燃ゴミ、プラスチックなどの不燃ゴミだけでなく、古紙、ペットボトル、空きびん、空き缶、紙パック、廃油などの資源ゴミを出すときに、細かいルールが決められている地域もたくさんあります（なかには20種類以上の分別方法が決められている自治体もあります）。ゴミを処分するのもひと苦労なのです。

モノが捨てられない時代がくる

現在の日本は超高齢社会です。

つまり、たくさんの人たちがこれからどんどん亡くなっていくのです。

日本全国でこれから亡くなっていく世代のモノ、つまり処分しなければならないモノは、莫大な量にのぼるでしょう。

ですから、モノを捨てられない時代がもうすぐやってきます。

安易にモノを所有すると、所有し続けることにも、処分することにも、手間とお金がかかってくるのです。

殺人的に忙しい人、片づけや整理が苦手な人は、ゴミを手放すことをあきらめ、家にため込んでしまうかもしれません。

最近ではテレビなどで「ゴミ屋敷」などと称して、ゴミを処分できない家庭のことがおもしろおかしく紹介されることも多くなりました。

前述の不要品回収業者のサービスのひとつに「ゴミの回収」があります。

足の踏み場もないほどゴミに囲まれて、身動きできなくなって業者に助けを求める人、また、家族が亡くなっても遺体を置くスペースさえなく、お葬式も出せないという人がたくさんいるのです。

■ case08　夫の死で気づいた、お通夜もできないモノだらけの家

［主婦／女性・60代］

子ども3人のうち、2人は自立して家を出た。

数年前に夫が亡くなり、いまは末息子と2人暮らし。

広いが間取りの関係で、家具やモノをうまくおけない状態だった。

家の中はモノでいっぱい。押し入れがないため布団も畳の上に積み上げて、まるで埋立地のようだったという。

子どもが昔使っていたピアノの上や、床の間まで物置き状態だった。

「田舎ですからもともと広い家なのに、年々モノが増えていました。いただいたものや子どもが昔使っていたモノが捨てられなくて……。それから、寒さが厳しい地域なので、年齢とともに衣類や寝具もどんどん増えてしまったんですね。夫が亡くなったときは、お通夜をするスペースもなかったので、親戚があわててモノをどかしてスペースをつくってくれたほどです」

現在は、少しずつでもモノを減らすために、リサイクルセンターなどを利用して、不要なモノを片づけている。

「ほかの部屋は、まだまだモノでいっぱいだけど、夫の仏壇がある部屋だけは何も置かないことにしています。ここで昼寝をすると、モノがないから気持ちがいいんですよ。夫にも、生きているうちにこういう気持ちのいい生活をさせたかったと、心から思います」

■ case09　家族を家で看取れなかった

［会社員／男性・40代］

年とった母が病に倒れ、長期入院。残念ながら回復の見込みがなく、最期くらいは自宅で介護をしたかったが、病人を介護するスペースがなかったという。

「母の入院中に家にモノが増えてしまい、介護をするスペースがとれませんでした。仕事をいいわけに片づけを先のばしにしているうちに、亡くなってしまった。亡くなったあとも、葬式を出せるような部屋がなく、病院から葬儀場へ。結局自宅に一度も戻してあげることができませんでした。いまでは本当に後悔しています。亡くなった母に申しわけない気持ちでいっぱいです」

モノを処分できない理由

では、なぜ不必要なモノを手放せないのでしょうか。

処分できない心理を解説していきたいと思います。

いつか使うかもしれないから

これは、モノをためこんでしまう人にとっては魔法の言葉です。

3年以上袖を通していないスーツも、なんとなく買ってホコリをかぶっているダイエット器具も、「いつか使うかも」と考えてとっておきます。

そしてまた、新しいスーツを買い、新しいダイエット器具を買い、同じように「またいつか使うかも」と押し入れの奥においやってしまうのです。

その「いつか」は、「いつ」くるのでしょう。

結局やってきません。「いつか」を捨てない自分の逃げ道にしているのです。

また「とらぬ狸の皮算用」式に「いつか」を考える人もいます。

身の丈に合わない大きなたんすを「いつか結婚したら役に立つかも」、つい買ってしまったたわいもないおもちゃを「いつか子どもが生まれたら使えるかも」、地味で着られなかった洋服を「いつか年をとったときに……」という具合です。

不確定な未来に対して、「こんなことが起これば使えるかも」と妄想をふくらませて、いつまでもいつまでも、モノをとっておくのです。でも、そういうモノにかぎって、「いつか」がきても使うことなく、結局新しいモノを購入することになります。

まだ使えるから

買ったとき以来使っていない料理用スパイス、3年前に買ってほとんど使っていない口紅、ほとんど新品なのに着ていない洋服……。

たしかに、見た目にはまだまだ使えるモノばかりです。

ではなぜ、実際に使わないのでしょうか。

まだ使えると言いながら、いますぐ使わないのはなぜでしょうか。

当たり前ですが、人はあまり好きでないモノ、似合わないモノ、使いにくいモノは、無意識に使いません。使うのが苦痛だからです。

洋服だって、新しいからとか高かったからではなく、着心地がよくて、鏡の前に立ったときになんとなくしっくり似合っていて、洗いやすくたたみやすい、手入れのしやすい服を着る機会が自然に増えていくはずです。

「まだ使える」と言いながら結局使わないのは、そのモノがあまり好きではなく、使いにくく、使うことが楽しくないからです。

必要だから

モノをためてしまう人は、たいして必要でないモノを「必要だ」と思っている場合も多いのです。

たとえば「冠婚葬祭用に必要」とか、「お客さま用の食器や布団が必要」など、なくても不便なく生活していけるモノを、「絶対に必要」と思い込んでいるのです。

また、半年前に必要だったモノが、いまも必要だとはかぎりません。

たとえば何かが壊れたら、直すための道具が必要です。

でも、直してしまえば、その道具はもう必要ありません。このように、役目を果たしたモノをいつまでもとっておくから、モノが増えるのです。

我が家が一戸建てからマンションに引っ越したときのこと。クルマや庭がなくなったのに、しばらくのあいだ夫は洗車用の長いホース、植木バサミ、灯油缶、長靴などをとっておきました。結局ゴミに出しましたが、「不要」だという意識が捨てきれていなかったのですね。

何かに使えるかもしれないから

ショップでもらったきれいな紙袋や包装紙、予備のコード類、商品が入っていたダンボール箱、洋服のボタン、コンビニのお弁当についてきた割り箸……。

たしかに「何かに使えそう」な気がします。

たまには使う機会も、ないとはいえません。ただし、これらのモノは十分ほかで代用できるので、とっておくほどの価値はないのです。

しかも、こういった瑣末なモノは、いざというときに存在を思い出しません。

モノとしての存在感がないために、結局使うことはないのです。

モノのない時代であれば、こういうモノをとっておくのも美徳かもしれません。でも、いまの世の中にはまったく必要ありません。

細々したモノほど整理しにくいですから、部屋が乱雑になる原因にもなります。

商品を買うときは、必要のない包装紙、袋、箱、おまけなどははっきり「いりません」と断りましょう。

あると便利そうだから

テレビショッピングや通販カタログ、またはホームセンターやドラッグストアには「あると便利そう」なモノがたくさん売られています。あると便利そうなモノは、実際にそれを使うところを想像すると、たしかに便利そうに思えます。

ですから、「こんなに便利」「こんなにすごい」というようなキャッチコピーにつられて、つい買ってしまうのです。これらのモノは、あくまでも「あると便利〝そう〟」なのであって、実際に使ってみると、意外に不便な部分が多いものです。

まず、「使う」という行為そのものが面倒な場合があります。

あると便利そうなモノは、もともとなくても平気だったモノです。

たとえば、バスルームの鏡は気づいたときにサッと拭くだけだった人が、「お風呂の鏡のくもりをとるスクイージー」を買ったとします。もともとめったに鏡などそうじしていなかった人がスクイージーを買っても、使うという行為そのものが苦痛になりますから、結局使わなくなります。

また、こういったモノはすぐ出し入れできるところに置かないと、出す・しまうという行為が非常に面倒です。ならば出しやすく、しまいやすいところに置けばいいのですが、そういうスペースにはすでにほかのモノが置かれています。結局置く場所に困って、しまい込んで使わないままということになってしまうのです。

また、手入れのことまで考えなければなりません。

たとえば、「ハンバーグがかんたんに作れるフードプロセッサー」を買ったとします。タマネギのみじん切りもしなくていいし、材料を入れるだけでかんたんにハンバーグのタネがつくれてしまうので、非常に便利そうに思えます。でも、使ったあとにきれいに洗って、コードを抜いてしまっておくのが面倒なのです。そうなると、包丁とまな板のほうが結局ラクだったということに気づいて、使わなくなるのです。

こういうモノを使いこなすのは、モノをためてしまうようなずぼらな人にはムリなのです。きちんとモノを管理できるマメな人にこそ、向いているのでしょう。

それに、本当に便利なモノなら、その商品はもっと一般化しているはずです。冷蔵庫や洗濯機、歯ブラシやスポンジのように、どの家庭にもあたりまえのようにあるはずです。一部の人しか使っていないような道具は「なくてもいいモノ」なのです。

もったいないから

たしかに、いつか使えそうなモノやまだ使えそうなモノを処分するのは「もったいない」ことです。モノをためてしまう人は「使えるモノをかんたんに手放す」ことに対する罪悪感に耐えられないのでしょう。

では、なぜ使わないモノを購入したり、もらったりしたのでしょうか。使わないモノにスペースを奪われていることのほうがよほど、「もったいない」とは思いませんか。買ったこと、もらったことが、そもそも間違いだったのです。

ならば一度、勇気を出して捨ててみましょう。モノを処分することがどんなにつらいかを経験することで、二度と安易な気持ちでモノを持たないと、心に刻みつければよいのです。

減部屋のススメ

〃広い家〃は幻想である

「いつかは、田舎に引っ越して広々とした家に暮らしたい」

「いつかは、リフォームして家を広くしたい」

こんな夢を持っている人もいるでしょう。

しかし、モノを捨てられない人にとって、こういった夢は幻想なのです。

広い家に住みたいと思う人の多くは、モノを減らすことを考えません。たとえ2LDKから5LDKに引っ越したとしても、モノを捨てず、さらに増やすのですから、結局生活空間はさほど変わらないのです。空き部屋があれば、そこを〃荷物部屋〃や〃倉庫〃として使おうとします。

いまの住まいでも、モノを減らせば広々とした空間を手に入れることができるのです。「広い部屋に住みたい」と思ったら、引っ越しやリフォームなど必要ありません。モノをなくせばよいのです。

引っ越し、すぐにできますか？

転勤などで引っ越しの多い人は、ひとつの家に住み続ける人にくらべて、荷物が少ないものです。引っ越しのたびに大きな家具や家電、荷物を移動し、新居での置き場所を考えなければならないのですから、モノを持つことの苦労を知っているのです。

モノがなければ、身軽です。

賃貸住宅の場合、ライフスタイルや仕事にあわせて、住み替えをするのもラクです。「引っ越したいけど、荷物が多すぎて面倒だ」という人は、意外に多いもの。荷物が多すぎて重い腰が上がらず、職場に遠い、日当たりが悪い、環境が悪いなどの不便を長年ガマンしてしまうのです。

また、モノを減らすための荒療治として、あえて狭い部屋に住むという選択もあります。5LDKから2LDKに引っ越しすることを余儀なくされたら、モノを処分せざるを得なくなるからです。

ぜいたくなのは、何もない部屋

空き部屋や空きスペースがあるからといって、「荷物を置ける」と考えないことです。部屋数に余裕がある家なら、何も荷物がない部屋があってもいいと思うのです。何も置かない部屋は、不要なモノに囲まれた部屋よりも、よほどぜいたくな空間です。そうじもかんたんですから、いつもピカピカ。大の字になって昼寝をしたり、ゆっくりコーヒーでもすすりながら考えごとをしたり、リラックスできる部屋になります。使わないモノをしまっておくための〝荷物部屋〟と、心も体もリラックスできる部屋。私なら後者に家賃を払いたいと思います。

第4章

今日から、モノを減らす

持ち物リストでモノが減る

心を鬼にして、処分しよう

前章までで、モノを持つことの恐ろしさを感じていただけたかと思います。

「これからはモノのない、もっとミニマムな暮らしをしたい」と思われた方は、これからどんどん、モノを減らしていきましょう。

いままで上手に使ってあげられなかったモノは、この際思いきって処分してしまいます。処分するモノには申しわけないけれど、心を鬼にして決断してください。

そうすれば、これからはムダなものを買わなくなります。

必要最低限のモノを、大事に大事に使うことができるようになります。

モノを手放すほど、あなたの生活は、いまよりもよい方向に変わります。

自分の持ち物をすべて把握する

モノを減らして生活をシンプルにするには、まず、あなた自身が「何を、どれだけ持っているか」を把握することがとても大切です。

お金も今後の計画を立てるときに、定期預金、年金、株などを全部書き出します。

まずは、あなたの持ち物を〝すべて残らず〟ノートなどに書き出してみましょう。

モノが多い人にとって、これは非常に大変な作業かもしれません。

まずはデスクやテーブルまわりからはじめてみるとか、一畳分のスペースずつ、ひと部屋ずつなど、少しずつでもいいでしょう。

リストをつくるときは、ベッド、パソコン、家電などの大物や衣類などのわかりやすいモノだけではダメ。

デスクやテーブルまわりの小物、とっておいたショップの紙袋や箱、食品や日用品などのストックの数まで、すべて細かく書いてみてください。

「えー、そんなの面倒くさい」と思うかもしれません。でも、モノを減らしたいなら、かならずやってください。自分が管理できないほど持つことが、すでに分不相応なのです。

リストを作るだけでモノが減る

このリストを作る目的は、モノを一つひとつ見直すこと。

さて、あなたはどれだけのモノを持っていましたか。

なかには「持っていることさえ忘れていた」「何に使うのかさえわからない」というモノがあったのではないでしょうか。

それらは間違いなくあなたにとって不要なモノですから、リストをつくる過程で処分していきましょう。

また、リストをつくりながら「あれ、こんなモノをなぜとっておいたんだろう。捨ててもいいいんじゃない？」「リストに書くのが面倒だから、捨てよう」というモノもあったはず。それでいいのです。捨てましょう。

また、使用目的がダブるモノがあれば、できるだけ捨てていきましょう。

私の知人は、爪切りが8個、ハサミが10本出てきたそうです。

このような場合は、いちばん使いやすい爪切りひとつと、さびついていないハサミひとつを残して処分しましょう。

リストに書き出しただけで、ずいぶんモノを減らせたのではないでしょうか。

手放す基準は「使用頻度」

持ち物の使用頻度を検証する

次に、リストに書いたモノの「使用頻度」を判断していきます。
値段ではなく「どれだけ使っているか」で、持ちものの価値を決めるのです。

❶毎日使う
❷週に1度以上使う
❸月に1度以上使う
❹数カ月に1度以上使う
❺毎年使う（コートなどの季節もの）

❻1年以上使っていない
❼3年以上使っていない
❽いつか使う

「よく使うモノ」にも、ムダが潜んでいる

まずは❶毎日使うモノと、❷週に1度以上使うモノ。

これは使用頻度が非常に高い道具です。

特に処分する必要はないでしょう。

ただし、〝毎日かならず使う〟というモノは、意外に少ないことがわかるはずです。

また、毎日、毎週使うモノでも、インクの切れかかったペンや柄の取れかかった鍋、骨組みが折れ曲がった傘など、使用する際に不便をともなうものは、思いきって捨ててしまって、ナシですませるか新しいものを購入しましょう。

毎日使うモノに不便があると、小さなストレスが積み重なります。

また、これらのモノの中には、数を減らしたり、ほかのもので代用したりできるものがあるかもしれません。

たとえば食器、洋服や下着、タオル類などは、数が多すぎるようならばそのつど見

直すことが必要です。

家電や調理器具なども、ほかのもので代用できるならば、思いきって処分してしまいましょう。

「これがなければダメ」と思い込んでいるモノのなかにも、「なくても平気なモノ」が案外たくさん潜んでいるのです。

「たまに使うモノ」こそ、ストレスを生む

次に❸月に1度以上使うモノ❹数カ月に1度以上使うモノ。

これらはそれなりの使用頻度があるようにも見えますが、あくまでも「たまに使う」というレベルです。

もちろん「なくても平気なモノ」がまぎれこんでいる確率も❶❷より高くなりますので、一つひとつ検討してみることが必要です。

しかも、これらのモノのなかには「なくても平気」どころか「ないほうがよい」モノが意外に多いのです。

たとえば、買ったのはいいけれど、めったにやらなくなってしまったゴルフの練習器具やダイエット器具、洗うのが面倒で思いのほか活用できないフードプロセッサー

やジューサーなど。

これらは処分すべきモノの筆頭でもあります。

こういったモノは「お金を出して買ったからには、使わなければ！」という強迫観念にとらわれて、ムリをして使い、よけいなストレスを生んでいることも多いのです。

季節物がスペースを占領する

そして❺毎年使うモノ。

これはコートやマフラーなどの衣類、暖房器具、冷房器具など、季節によって使うモノです。

その時期に使用頻度が高いモノであれば、手放す必要はないでしょう。

ただし、ワンシーズンに1、2度程度しか使わないようなモノは、捨ててもいいモノたちです。

前章でも説明しましたが、コートやマフラーなどが必要以上にたくさんあっても、手入れに手間とお金がかかります。

手入れをしなければ、年々薄汚れていきます。

そのうえ、ワンシーズンしか使わないモノたちは、一年の半分以上ものあいだ、押し入れやクローゼットを占領することになります。

とくに冬物の衣類などはかさばります。

一年にたった数回しか使わないのに、大事なスペースを占領されるなんて、なんというムダでしょうか。

季節物の衣類や小物類、家電は、一つひとつじっくり厳選して、スペースを与える価値のあるモノのみを残しておくようにしましょう。

1年使わなかったモノは、もういらない

次は❻1年以上使っていないモノ、❼3年以上使っていないモノです。

まず❼3年以上使っていないモノは、もちろん処分しましょう。

3年以上も使わないモノは、たぶん一生使う機会はありません。たまに取り出して過去を懐かしむこともあるでしょうが、ただそれだけです。

そして、❻1年以上使っていないモノ。

これはなんとなく「まだ、捨てにくい」と感じるモノが多いかもしれません。

でも、1年365日のさまざまな行事やイベント、そして春夏秋冬の四季を通して

使うことのなかったモノですから、やはりこれからも使う可能性は少ないでしょう。

ですから、スッパリ捨ててしまいましょう。

また、引っ越してきたときのまま封を開けていないダンボールや、買ったはいいけれど使わずに新品のまま置いてあるものも同様に、1年以上使っていなければ、いらないモノとみなします。

「いつか」はやってこない

さて、最後の❽いつか使うモノです。

たくさんの洋服もいつか着るかもしれないし、本だっていつか読むかもしれません。CDもいつか聞くかもしれないし、ゲームもいつかまたやるかもしれません。昔熱中した趣味も、そのうち復活するかもしれません。

でも、その「いつか」は、本当にやってくるのでしょうか。

「いつか」は、いくら待っても、やってこないものなのです。

とくにこの❽が、❻❼と重なっているようであれば、それらは完全に、処分すべきモノです。

モノを捨てられない人ほど、❶〜❽の中で、後半の数字に当てはまるモノをたくさん持っています。

長いあいだ使わないモノ、いつか使おうと思っているモノが多いから、モノが増えるのです。

モノが少ない人は、❶〜❸くらいの使用頻度の高いものに囲まれて、広いスペースで豊かに暮らしているのです。

「〝いつか〟はこない」

そう思えば、かなりのモノが処分できるはずです。

だいたい、いつか使うモノのなかで残しておいていいのは、「お金」くらいなものです。

ムダなモノを買わずに、そのぶんお金で残しておけばいいのです。

そして、万が一その「いつか」がきたときにだけ、新たに買えばいいだけの話です。

そのほうが、よほどかしこい選択だと思いませんか。

いつか使うモノには、食品や日用品のストックもあるでしょう。

これらは賞味期限、使用期限を確認して、過ぎているモノがあれば処分します。

そしてこれからは、ストックするのをやめましょう（理由は後述します）。

さて、みなさんは、どのくらいのモノを処分することができましたか。

単純なようですが、持ち物リストを作ってみると、いかにいらない、使わないモノたちを後生大事にとっておいたのかが実感できるはずです。

リストをつくりながら一つひとつのモノと向き合うことで、モノに対する価値観も変わったのではないでしょうか。

モノと向き合うことは、自分自身と向き合うことでもあります。

大げさなようですが、これからのあなたの生き方を左右するきっかけになるのです。

手放すためのモチベーション❶

考え方

スペースを空けることを最優先する

モノを処分していく過程で、ある程度減らすと「もうこのくらいでいいだろう。だってもう、ずいぶん捨てたから」と思うことがあります。

でも、そう考えて自分の住まいを見まわしてみると、なぜか以前と様子があまり変わっていないのです。

まだまだ部屋は雑然としていますし、生活空間もそれほど広くなっていません。

そういう人は、細々したものを少し捨てて、たくさんのモノを捨てたような気になっているのです。

それはそれでスッキリするのでしょうけれど、結局また同じように、モノをためる生活に戻ってしまいます。

モノを処分するときには、面積で考えましょう。

「いくつ捨てたか」ではなく、「どのくらいのスペースを空けることができたか」で考えるのです。そう考えてみると、ときには思いきった、大胆な決断が必要になります。

いちばん大きな家具を処分したり、使っていない家電を処分したり……。精神的にも物理的にも抵抗はあるでしょうが、あなたの住まいや暮らし方は劇的に変わります。「まるまるひと部屋空けてしまおう」というくらいの気持ちで、ざくざくモノを減らしていきましょう。

数日たてば、あったことさえ忘れる

モノをたくさん持つ人にとって、モノを処分するのはとてもつらいことです。「高かったのに」「ブランド品なのに」「まだ使えるかもしれないのに」「いつか使うかもしれないのに」「もったいない」……。

ついこんなふうに考えてしまって、なかなか捨てられないのです。

たしかに、モノを処分するときにはさまざまな思いが頭をよぎると思います。

でも、思いきって捨ててしまえば、「ああ、スッキリした」とモノの呪縛から解き放たれたような気分になるものです。そして数日たてば、そのモノがあったことさえ、忘れてしまいます。

だって、もともと使わない、不要なモノだったのですから。なくても、ちっとも困らないモノだったのですから。

モノを処分する際のコツは「購入価格やブランドを気にしない」こと。つまり「使えないモノに価値はない」という鉄則を、頭に叩き込むことです。

たくさんのモノを片づけながら、「使わないモノは、ただのゴミ、使わないモノは、ただのゴミ」と念仏のように唱えてください。

過去にこだわらない

モノを処分する際に、あなたの思考を乱すのが「思い出」や「記念」です。

モノを捨てられない人のなかには、小学生の頃の文集やランドセルまで、後生大事にとっておく人もいます。

そこまで極端でなくても、「大学時代の教科書」や「初給料で買ったバッグ」をいつまでも捨てられない人はたくさんいるはずです。

たとえば私は、自分が載っている雑誌も仕事で会った人にあげてしまったりします。自分の著書も、手元にあるのは一冊ずつだけ。

たくさん送っていただいても、ダブっているものは人にどんどんあげてしまいます。なぜなら、過去にこだわってばかりいたら、いい仕事ができないからです。

過去にこだわる人は、未来の自分が信じられない、夢のない人だと思うのです。

過去の栄光や思い出ばかりにしがみついて「あの頃はよかった」「あの頃の自分はすごかった」などと、過去を懐かしんでばかりいるのです。

あまりにも「思い出」を大切にしすぎる人は、現在の生活が満たされていない、幸福でない証拠なのかもしれません。

でも、うしろばかり見ていたら、人生を切りひらくことはできません。未来に立ち向かっていく力が湧いてこないのです。

私の知人のデザイナーさんの話です。

彼は過去に有名雑誌の表紙や有名アーティストのCDジャケットなどを数多く手がけてきました。でも、若いデザイナーたちはあとからあとから世に出てきます。自分が取り残されていく不安から、彼は自分の過去の作品を眺め、過去の栄光ばかり振り返っていました。

そしてしまいには鬱になりかかってしまったのです。でもあるとき「自分にはまだまだ未来がある」と気づき、自分の作品はネットで検索するといつでも見られるので、とにかく手元にある作品を視界から処分したのです。それからだんだんと、仕事もツキがまわってきたそうです。

思い出はささやかに記憶の中にとっておけばいいのです。忘れてしまっても、それはそれでいいではないですか。人生で大切なのは、現在と未来なのですから。

迷ったら、手放す

「いまは使っていないけど、これから使うかもしれないし……」
「いやいや、たしかにこの1年間は使っていなかったけど、来年は使うかも……」
「いざというとき、これがなければ困る！」
「万が一将来貧乏になったりしたら大変だから、モノは少しでもあったほうがいい！」

これらはすべて、モノをとっておくための単なる言いわけにすぎません。

「捨てようか、どうしようか」と迷っているけれど、「捨てたくない」という気持ちが強くて、無意識に捨てない理由を探し、とっておくことを肯定しようとしているのです。

迷ったモノは、思いきって捨てましょう。

そんなふうにいつも迷って、自分に言いわけしながらも捨てられないから、モノが増えるのです。

迷ったモノは、これから先「絶対に使わない」とは言いきれないかもしれません。でも、いま現在の生活には、なくても少しも困らないモノです。

あなたに必要なモノは、一瞬も迷うことなしに「とっておこう」と思ったモノたちだけです。毎日使うお箸、目覚まし時計、ドライヤー、ボールペン、パソコンなど、これらのものを「捨てようか、どうしようか」と迷ったりはしなかったはずです。

モノを手放すには、潔さとすばやい決断が肝心です。迷ったモノは、即座にゴミ箱に入れましょう。

今日が最後のゴミの日だったら?

「今日が最後のゴミの日です」

もし、これが現実だったら、あなたはどうするでしょうか。

急いで身のまわりのモノを見渡して、せっせといらないモノをゴミ袋につめていくのではないでしょうか。年末の最後のゴミの日にあわててゴミをまとめるように。

誰しも心のどこかで「自分はいらないモノをたくさん持っている」という現実に気づいているのです。

そしてつねに「〝いつか〟処分しよう。でも、それはいまじゃなくてもいいや」と思っているのです。でも、その〝いつか〟をどんどん先延ばしにして、モノをためてしまうのです。

本当は捨てたいのに、「もったいない」「面倒くさい」「いつか使うかも」などの気持ちが邪魔をして、捨てられないだけなのです。

今日が最後のゴミの日だと思って、明日からはゴミが出せなくなると思って、モノを処分してみてください。

必死になってムダなモノをかき集めている自分に気がつくはずです。

手放すことを楽しむ

モノを処分するには、莫大なエネルギーが必要です。

いざ捨てようと思うと、必要ないとわかっていても「やっぱり、もったいない」という気持ちが心をよぎります。

でも、その気持ちに耐えて、思いきって処分してしまったら、どうでしょう。モノを捨てていくと、だんだんモノを手放すことが楽しくなっていきます。さよならすればするほど、あなたの家には「空間」が広がり、モノでぼやけていた視界がクリアになっていくのですから。

そしてだんだんと「もっと捨てたい」「家からモノを追い出したい」という気持ちになるはずです。

いままでモノが捨てられなかった人たちも、かならず変わります。モノへの執着心が薄れて、自分自身が見えてきます。

部屋を見まわして捨てられるモノを物色し、「これが捨てられる！」「あれも捨てられる！」とゴミ箱に入れることが、快感に変わるのです。

本当です。ぜひ試してみてください。

私などは、使いきった消耗品や「役目を果たしたな」と思うモノを見つけると、「ああ、これでまたひとつ、捨てられる」とうれしくなってしまいます。

いらないモノを部屋からなくして、みるみるうちに部屋が広くなっていくことのすばらしさを実感してください。不要なモノを処分するたびに、あなたの心はどんどん浄化されていくでしょう。

実践編

手放すためのモチベーション❷

ここでは、モノの種類別に、処分する動機づけを考察していきましょう。みなさんがモノを処分するきっかけやあと押しになればと思います。

衣類

衣類を処分するのは、なかなかやっかいです。

なぜなら、モノにあふれたいまの世の中、穴が空いたり、すり切れたり、ゴムがゆるんだりするまで衣類を消耗させることがないからです。

さすがに穴が空いたりすり切れたりすれば「もう捨てていい」と思えるでしょうが、衣類は昔にくらべて丈夫にできていますから、果たしてそこまで着倒すことなど不可能に近いのです。

それでも年配の女性のなかには、穴が空いたものまで「いつか直せば着られる」「パッチワークの材料になる」「そのうち雑巾にする」などと言って、捨てられない人もいるのです。それだけ昔はモノのない時代だったのです。

でも、いまは違います。あなたの家のたんすや収納ケースの奥に眠る洋服も、きっと「まだ着られる」という状態でしょう。

でも、山ほど服を持っていても、デートや旅行のときには、また新しい服がほしくなります。

そしてまた「まだ着られるけれど、もう着ない服」が増えていきます。しかも「無理してボーナスで買った服」「初デートで着た服」など、「思い出」というやっかいな荷物までついてくるのです。

こう考えてみましょう。

洋服は「物理的に着られる」というのと、「精神的に着られる」というのでは、意味が違うのです。

10年前のスーツを着て、いざ出かけてみても、どこかデザインが古かったり、肩幅が広すぎたりして、なんとなくちぐはぐなものです。また、体重や体型はさほど変わらなくても、なんとなく、いまの自分には似合わない」という服もあるはずです。

私の友人は、何年も前にお気に入りだったスーツを着て同窓会のパーティに出かけ、非常に後悔したそうです。「自分が時代遅れのおばさんに思えて、楽しい気分になれなかった」と話してくれました。

残しておくべき服は、「それを着て外に出かけられる服」だけにしましょう。

外に出かけられる服とは、その洋服を着て、電車に乗る、喫茶店でお茶を飲む、知人と会うなどの外向的な行為ができる服です。

「古くなって外に着ていけなくなったTシャツなんかは、パジャマ代わりにすればいいじゃないか！」と言う人もいるでしょう。

そういう人は、パジャマをいくつ持つつもりなのでしょう。

カラダはひとつしかないのに、外に着ていけないパジャマ代わりの服が、何十着もあるのではないでしょうか。

バッグや靴も同じです。いざというときに使えない、古いデザインのものに、購入当時の価値はありません。

特にバッグや靴は比較的高価なものも多いでしょうから「手放すのはもったいない」と考えてしまいがちです。でも、私にすれば使わないモノで貴重なスペースをふさぐことのほうが「もったいない」のです。

布団・リネン類

布団、シーツ、まくら、座布団、タオル、マルチカバー……。

これら布ものは、非常にかさばります。

つまり、貴重なスペースをムダにするモノです。

布団やまくらは、人数ぶんだけあればいいのです。シーツやタオルも、洗い替えが数枚あれば十分。布ものはホコリの原因にもなりますから、できるだけ数を減らしましょう。

でも、モノをためる人たちは、「客用布団」などという、めったに使わないモノを持っています。

なかには押し入れの大半が、ふだん使わない客用布団で埋めつくされているという人もいるのです。

私が「そんなにたくさんの布団、いつ使うの?」と聞くと、「両親や友だちが泊まりにくることもあるから」「たまには娘や親戚が泊まりにくるから」と言うのです。

そんな機会がしょっちゅうあるならまだしも、聞いてみればせいぜい年に一度か、2〜3年に一度くらいのものです。

お客さまがきたら、その日だけは雑魚寝でもいいじゃないですか。もしくはお客さまに自分の布団を明け渡して、自分はこたつ布団をかけて眠ればいいのです。

また、布団のレンタルをしているところもありますし、費用は自分もちで、ホテルに泊まってもらうこともできます。スペースという貴重な空間を占領されるくらいなら、レンタル代やホテル代なんて安いもの。お客さまも気がねのいらないホテルに泊まるほうが、ありがたいようです。第1章で書いたように、空間を住居費に置き換えてみれば、そのほうがよほど経済的な選択です。

お客さまをスッキリ、ゆったりした家にお呼びすることが、何よりのおもてなしだと私は思います。

家具・家電

家具や家電は、ゴミ袋にポイッと入れるわけにはいきません。

つまり、処分するのが非常に面倒なモノです。

粗大ゴミやリサイクル家電として処分しなければならないために、重い腰がなかなか上がりません。

でも、いくら細々したモノを捨てても、これらの大物を処分することができなければ、大事な部屋のスペースはさほど広くなりません。

場所ばかりとる大きなたんすやサイドボード、安っぽい収納家具、エアコンのおかげで出番のない扇風機、壊れたパソコン……。これらを捨ててしまえば、部屋や押し入れは広びろ、本当にスッキリします。

ひとり暮らしで大きな家具が外に出せないという人は、友人に手伝ってもらうか、業者にお願いしましょう。

一度に捨ててしまえば、たった半日か1日で終わります。

モノの多い人は、自由に使えるお金が3万円あったら、やっぱりモノに使うでしょう。でも、今度はその3万円を、処分費用にあててみましょう。

「もったいない」と思いますか。いいえ。あなたはたった3万円で、「空間」というとても大事な道具を手に入れることができるのです。

本、雑誌、CD、ゲーム、DVD等

これらは、収納に場所をとり、なおかつ捨てにくいモノのトップバッターです。

なぜでしょう。

「あとでまた、読みたくなるかもしれないから」

「二度とこの歌を聴けなくなるのはイヤだから」

「いつかまた、このゲームをやりたくなるかもしれないから」

でも、たとえばこの1年を振り返って、「あとで」や「いつか」はやってきたでしょうか。

1年以上使うことがなかったのであれば、増えすぎた本やCDは本当に好きなものだけ残して、処分しましょう。

万が一、「あとで」や「いつか」が本当にやってきたときには、図書館やレンタルショップで借りたり、ブックオフなどの古書店で再購入したりすればよいのです。

私は本をたくさん読みますが、図書館で借りることも多いです。お金が惜しいわけではありません。

モノを増やしたくないのです。

本やCDは、精神的には処分しにくいモノですが、物理的には比較的処分しやすいメリットもあります。

なぜなら、古書店や中古ショップなどで気軽に売ることができるから。読まない本や聴かないCDは、多少なりともお金に換えられると思えば、単に処分するよりもモチベーションが上がります。

食器・調理器具

とくに女性の場合は、食器や調理器具の増殖に頭を悩ませている人も多いのではないでしょうか。

ホームベーカリーやジューサーミキサーなどの大物から、ミルクフォーマーや温泉卵メーカーなどの調理器具、パスタ鍋、圧力鍋、蒸し鍋、そして結婚式の引き出物でいただいたりして増えた、たくさんの食器……。2人暮らしなのに5人ぶんの食器セットを食器棚に並べている人もいます。

キッチンは、毎日使う場所ですから、使いやすく、そうじしやすく、動きやすい場所であるべきです。それなのに、めったに使わないホームベーカリーや食器でスペースを失うのは、非常に非効率です。

あまり使う機会がないモノは、どんどん処分しましょう。とくにキッチンは「あると便利なモノ（なくてもいいモノ）」「使う〝かもしれない〟モノ（結局何年も使わないモノ）」が非常に多いのです。フライパン、鍋、やかん。そして毎日使う飯茶碗、汁碗、お皿、グラス、コーヒーカップ。食器と調理器具は、これで十分すぎるほどです。フライパンひとつあれば、何百種類もの料理が作れるのですから。

趣味の道具

趣味の道具については、簡単です。

現在熱中している趣味に関するモノ以外は、すべて処分する。それだけです。

ゴルフ、スキー、スノーボード、サーフィン、楽器、釣り、絵画、キャンプ（アウトドア）、ガーデニング、おもちゃのコレクション……。1年以上やらなかった趣味の道具は、処分しましょう。しつこいようですが「いつか」はやってきません。

趣味というのは、長い人生の中で移り変わるものです。学生時代、就職、結婚、出産など、環境が変わるたびに、あなたの興味の矛先も変わっていきます。

昔熱中した趣味に、ふたたび同じような情熱が宿ることは、まずありません。

日用品

ドラッグストアに行くと、さまざまな商品が売られています。

シャンプーや洗剤などの日用品から、化粧品、ダイエット食品などが数多く並べられ、なんと1社あたりの平均取り扱いアイテム数は2万8000点を超えるそうです。

さて、これらのなかで、あなたが本当に必要なモノはどれだけあるでしょうか。

ドラッグストアで売られているそうじ用品や化粧用品などは、どんどんニッチになりつつあります。

バス用品、キッチン用品、そうじ道具などは用途によって細かく枝分かれして、冷蔵庫専用クリーナー、電子レンジ専用クリーナー、野菜専用保存袋など「これを使わなければいけないのだろうか」と思わせるモノが増えています。

これらもやはり、「あると便利なモノ（なくてもいいモノ）」です。

一度は気になって購入したものの、結局使いきれずにリピートすることがなかった商品は、すべて必要ありません。処分しましょう。とくにドラッグストアは安価で物欲を満たすものがたくさん売られているので、ストレス解消にたくさん買い物してしまう人が多いのです。

ちなみに、私の家のお風呂には、シャンプーとコンディショナー、石けん、軽石くらいしかありません。

ホテルのバスルームのようにスッキリしています。

ストック

何年分あるのかと思うほどシャンプーや石けん類、歯磨き粉、そしてただでさえ場所をとるトイレットペーパー、ティッシュペーパーなどの日用品。そして、缶詰やカップ麺、冷凍食品、乾物類などの食品……。「安かったから」「いつか使うから、ムダにはならない」と思って、つい買いだめをしてしまいます。スーパーまで数時間かかるような山奥に住んでいるのでもないかぎり、これらのモノをストックする必要はありません。

なぜ、いつでも買えるようなモノで、あなたの家の貴重なスペースを埋めなければならないのでしょうか。ほかにも、ストックにはたくさんの弊害があります。

まず、品質の劣化や、賞味期限があること。

洗剤などに使用期限は特に示されてはいませんが、長いあいだ置きっぱなしというような状態では、少なからず品質も劣化します。食品は賞味期限が切れるかもしれません。

また、ストックできるような食品の中には、お菓子やインスタント食品などのジャンクフードも多いので、健康にもよくありません。

そして、ストックがあると、モノを大切に使わなくなります。

「まだたくさんあるから」という理由で、無意識に歯磨き粉をチューブからたくさん出したり、シャンプーやリンスのボトルのプッシュ回数が多くなったりします。細かいようですが、自分を振り返ってみてください。せっかく安いときに買いだめをしても、大切に使わないのなら意味がありません。

また、こういった商品は、新製品が次から次へと発売されますから、半年前に買ったストックは色あせて見えます。

「早く使ってしまおう」とムダに使い、また安売りでストックを買ってくる……の繰り返し。節約したつもりが、少しも節約になっていないのです。

すぐに使うぶんだけ買い、大切に使い、最後まで使いきる。これならお金もモノもスペースも、ムダになりません。

それでも手放せない人へ

「思い出」はデジカメで保存する

「1年以上使わなかったら、処分する」というルールを設けても、「使わないモノはゴミ」といくら心の中でつぶやいても、「やっぱり、捨てられない」モノもあると思います。

本棚を埋め尽くす大好きな作家の本や全巻揃えたマンガ、思い出のある服やバッグ、時計……。「宝物というほどじゃないし、いまはほとんど使う機会がないけれど、思い入れのあるモノだから手放すのにためらう」というようなモノです。

そういうモノは、データとして残し、現物は捨てましょう。

バッグや洋服、小物などは、スマートフォンやデジタルカメラで撮影して、画像データとして思い出を残しておきます。画像を見れば「このリュックサックを持っていろいろなところに行ったなあ」「このヘアブラシには10年もおせわになったなあ」という思い出は、しっかり保存できるはずです。この「画像データ化」を手放す前の儀式にしてしまえば、処分することが精神的に楽になります。

また、本当に大切な思い出まで、捨ててしまうことはありません。大切な思い出は押し入れの奥などにしまわず、中身の見える透明の「思い出箱」にしまっておきましょう。ときには取り出して、家族や友人、恋人と思い出を語りあう時間を持つのもいいものです。

かさばる本は、データ化する

かさばる、捨てにくい、年々増えるという、モノを増やすための三拍子が揃っているのが、本や雑誌、書類などの「紙モノ」です。

ふだんパソコンを使っている人なら、こういった捨てられない「紙モノ」は、データとして保存することもできます

必要なものは、富士通のスキャンスナップ（コンパクト両面カラースキャナー）と、分

厚い本まで裁断できる裁断機。

書籍や雑誌は本を綴じてある「のど」の部分を裁断機で裁断し、スキャンスナップでスキャニングします。

スキャン後は、PDF形式のファイルとして保存することができます。毎分18枚で紙の裏表を読み取ってくれるので、300ページの本でも10分程度でデータ化することが可能です。

この方法なら、まるまるひと部屋を占領していた数千冊の本のデータも、外付けHDDひとつに収めることができるでしょう。

もちろん、仕事で使った書類や名刺なども、同じようにデータ化できます。単なる撮影と違い、文字データを検索できるので便利です。

ただし、これは仕事などの事情でどうしても本や書類が捨てられない人の場合だけ。この方法にはスキャナーと裁断機という新たなモノが必要ですし（誰かに借りるという手もありますが）、たくさんの本をすべてデータ化する作業は、かなりの手間と時間がかかります。

途中で挫折してしまったら、もとのモクアミどころか、以前よりもモノを増やすことになるのです。

どうしても本が捨てられない人の最終手段、くらいに考えておいたほうがよいかもしれません。私は古本で引き取ってもらえなかった本は地元や学校の図書館にもらっていただきました。

処分するのではなく、売る

「もったいない!」という理由でモノが捨てられない人は、売ってしまえばよいのです。まだ使えそうなモノなら、リサイクルショップ、フリーマーケット、ネットオークションなどに出して、次の持ち主に所有権をゆずりましょう。これらのなかでいちばんモノが高く売れる可能性があるのは、ネットオークションです。

ただし、ネットオークションでの売買はそれなりの手間がかかりますので、時間の余裕がある人にかぎります。

とにかく、処分するのが第一目的ですから、わずかでもお金になれば儲けものです。高値で売ろうなどと考えず、「少しでもお金になればよい」「誰かに使ってもらえるのなら、それでいい」というくらいの気持ちで。

たとえ売れなくても「それだけ自分の持ち物には価値がなかった」ということがわかりますから、手放すモチベーションはあがります。

ただし、くれぐれも、フリーマーケットやネットオークションで買い物をして、また新しいモノを増やさないよう、気をつけましょう。

これらの方法が適用できず、処分するべきかとっておくべきか迷っているモノは、大きめの袋や箱を「一時預かり所」として、ポンポン入れていきましょう。「○月までに使わなければ処分する」などと期限を決めてしまえば、決断しやすくなります。

■ case10 人生の契機を経て、モノの処分に悩む人にアドバイス

［会社員／女性・50代］

以前はモノが多い家だったが、義父の介護が終わったことをきっかけに、かなりのモノを処分した。

リフォームの仕事をしているので、お客様からモノの処分について相談されることも多い。そういったニーズに応えられるよう、自分でもモノの処分についていろいろ勉強して情報を集めているという。

「たくさんの絵本の処分で困っていた人に児童図書館を紹介したり、洋服の処分は海外に寄付する団体を紹介したりして、喜ばれています。私自身、できるだけ再利用できる方法で、毎日コツコツモノの処分をしています」

処分しなくていいモノもある

これまで、「処分しましょう」「捨てましょう」と、さんざんモノを減らすことばかり書いてきましたが、何から何まで、捨ててしまえというわけではありません。

ここでは、使う・使わないにかぎらず、捨てなくていいモノを提案します。

大切なモノ

「本当に大事なモノ」は、誰にでもあると思います。

たとえば亡くなった家族の形見や、昔から大切にしている時計やアクセサリーなど。

これらをムリして処分することはありません。大事なモノや宝物の存在は、モノを大切にする心を養います。きちんと保管して、ホコリをかぶったり行方がわからなくなったりしないように、大切に保管しておきましょう。

でも「本当に大切なモノが10も20もある！」というような人は、やはり、数点に厳選して捨てましょう。

精神的プラス効果のあるモノ

モノというのは、スペースを食い、手入れや処分に手間がかかる負債である反面、私たちに安らぎや幸福感を与えてくれることもあります。

持っているだけでうれしくなるようなモノ、それがあると心が落ち着くモノなど、精神的プラス効果のあるモノは、処分せずに手元において おきましょう。

ただし、飽きたり、古くなったりして精神的プラス効果がなくなったと感じたら、処分してしまいましょう。

人のモノ

一緒に住む家族や、恋人のモノを手放すときには、かならず本人の承諾をとってからにしましょう。決してだまって捨ててはいけません。

なぜなら、勝手にモノを捨てられた持ち主がカンカンに怒ってしまうからです。

そして、モノを捨てられた腹いせとして、また新しいモノを買ってくるという最悪の事態におちいる可能性もあります。モノを持つことのデメリット、モノを処分することのメリットを理解し、持ち主が自分で捨てようと思わなければ、意味がないのです。

ですから、よく話し合ったり、本書を読んでもらったりして、本人に納得してもらってから処分するようにしましょう。家族がモノを捨てられないタイプの場合、決してモノをしまわないで、本人のデスクまわりなどに見えるように置いておきましょう。

そのうち本人も「使わない」「邪魔だ」ということに気づいて、自ら処分するようになります。

緊急時に必要なモノ

使わないモノは捨てろ、「いつか」はこないとさんざん書きましたが、その「いつか」が「緊急事態」である場合は、しばらく使っていないモノでも保管しておきましょう。

たとえば喪服や非常食など。これらはイザというときにないと困りますから、捨てなくてもよいでしょう。

とはいえ、非常食などは古くなっていないか、喪服は虫食いがないか、サイズが合わなくなっていないかなど、こまめに状態をチェックすることが肝心です。

第5章

もうこれ以上、増やさない

モノを増やさない5つの習慣

これまで、モノを手放す、処分することを中心に説明してきました。いらないモノを処分して、生活をリセットすることができたら、今度は「モノを増やさない」ようにすることが肝心です。

買わない

ほとんどの人には、「物欲」があります。

雑誌に載っていたかっこいい時計、すぐれたスペックの最新型パソコン、デパートで見かけたおしゃれなフロアランプ、流行のデザインの洋服や靴……。

たしかに、こういったモノをほしがる気持ちを否定することはできません。

ほしいモノを手に入れることは、精神的な満足感が非常に大きいですし、仕事や勉強をがんばるためのモチベーションにもなるからです。

しかし、せっかくモノを処分しても、また次から次へと買ってきてしまえば、いずれはもとどおり、モノだらけの家に戻ってしまいます。

モノのほとんどは「買う」という行為から増えていくのですから、とにかく、買わない習慣を作るのが大切です。

とはいえ、さすがに「今後いっさいモノを買わない！」というのは非現実的ですから、「できるだけ買わない」ようにしていきましょう。

何かを買おうかなと思ったら、とにかく「慎重に検討する」こと。

まずは衝動買いをやめましょう。

衝動買いで買ったモノが、活躍することはあまりありません。

貴重なお金と引き換えに、わざわざゴミを買うようなものです。

また、そのモノを実際に自分が使っているところをイメージするのも大事です。

「置くスペースはあるのか」「どんなときに使うのか」「どんなメリットが自分にあるのか」「デメリットはないか」などをよく考えましょう。

自分の所有物となるモノには、いっさい妥協をしてはいけません。

もし、買ってしまったときにも、レシートや領収書をかならず取っておきましょう。そして本当に必要だったのかどうか、2、3日考えます。洋服などはタグをつけたまま、手持ちのアクセサリーや小物とあわせてみて、やっぱり似合わないと思ったら、返品するという手もあります。

衝動買いの多い人は、1週間考えてみたり、何度もお店に足を運んでみたり、そういったインターバルを置くことをおすすめします。

もらわない

人から無償でモノをいただくと、なんとなく「ラッキーだった」「得をした」と考えがちです。でも、本当にそうでしょうか。

「ウチではもう使わないから、あげるよ」

「これ、部屋に飾るとすてきだから、あなたにもあげるわ」

こんなふうに人からいただいたモノというのは、意外にやっかいです。

いらなくなったときに、自分で買ったモノなら気軽に手放すことができますが、人からいただいたモノは、なんだか処分するのが申しわけない気がして、なかなか処分することができません。

さらに、義理堅い人なら、ちょっとしたモノをもらっても、「お返し」が気になります。また「タダより高いモノはない」という言葉のように、モノをもらうと、その人から頼まれごとをしたときに断りづらくなるなど、人間関係が変わってくる場合もあります。

安易にモノをもらうことは、捨てにくいモノを増やす原因になります。

ですから、モノをもらわない習慣をつけましょう。

モノをあげるのが好きな人は、相手によろこんでもらうのが好きなのです。

たとえ社交辞令でもモノをもらってニコニコしていると、「あの人はモノをあげると、よろこんでくれる人」と認識されます。そうなると「あれもあげる」「これもあげる」というプレゼント攻撃にあうことになるのです。

一度勇気を出して、「私には必要ないモノだから、お気持ちだけちょうだいしておきます」ときちんと断れば、相手もわかってくれるはずです。

初対面の相手なら「自分はモノをもらうのは好きではない」「家に同じようなモノがある」とやんわり説明して、あらかじめブレーキをかけてしまうのも手です。

同時に、必要のない景品やおまけも、もらわないようにしましょう。

コンビニエンスストアなどでおまけのついているペットボトルを見かけますが、私はあえておまけのついていないものを選びます。いくら無料でも、必要のないおまけはいりません。おまけつきのものを買うときには「いらないので外してください」と断ります。

私は人からモノをもらうのが、好きではありません。

食べ物やお花のように、そのうちなくなってしまう「消えもの」ならとてもうれしいのですが（とくに好きなものであればなおさら）、あとあとまで残る「モノ」は、自分の好みではなく、また必要でない場合が多いからです。

ストックしない

日用品や食材をストックするのをやめましょう。

ストック癖がついていると、ティッシュペーパーやトイレットペーパーから、シャンプー、リンス、綿棒、ヘアムースなど、なんでもストックせずにはいられなくなります。ストックが多すぎて、何がどれだけあるのか把握できず、また何がどこにあるのかわからず、また新しいストックを買ってきてしまいます。

そしてその「いまのうちに買っておこう」というストック癖がほかのモノにも伝搬し、来年着るための服、将来使うかもしれないよぶんなスリッパなど、さまざまなモノを「未来のために」集めるようになります。この症状が進めば、すべての家財道具をストックしなければ気がすまなくなってしまうのです。ある男性は、災害時への不安から、ミネラルウォーターを押し入れいっぱいにため込んでいるそうです。そんなにたくさんあっても、いざというときに持ち出せないと思うのですが……。

いざというときのためのストックならば、次の1回ぶんだけと決めること。いまはコンビニエンスストアや深夜営業のスーパーもありますから、家にストックを用意して、貴重なスペースを埋めることはないのです。

買わずにすませる

「絶対に必要だ」と思い込んでいるモノも、買わずに済ませられる場合があります。はじめから「買う」ことを前提にしない習慣を身につけましょう。

■ **借りる**

クルマ、スーツケース、ベビー用品、冠婚葬祭時の服や着物など、かさばるうえに使う機会の少ないモノは、レンタルサービスを利用する手があります。

購入価格とレンタル代が同程度だった場合、「レンタルは自分のモノにならないから、買ったほうが得だ」と思う人が多いかもしれません。でも、使わなくなったときに保管したり、処分したりする手間と時間を考えれば、レンタルのほうがよほど得だという考え方もできます。

■ 代用する

家にないモノが必要になったときには、「家にあるモノで同じことができないか」を考えてみましょう。

たとえば料理のレシピで、聞いたこともないスパイスが必要な場合、そのスパイスがどんな香りなのかを調べ、似たようなスパイスで香りづけするという手もあります。特殊な工具が必要な場合、家にある道具で代用できることもあります。

■ 使わずにすませる

「どうしても必要」と思い込んでいるモノが、案外なくてもいいモノである場合もあります。つねにモノの存在価値を考える癖をつけましょう。

たとえばあなたがいつも使っているスキンローションやトリートメントがきれたら「新しいのを買ってこなくちゃ！」と思うでしょう。でも、しばらくナシで過ごしてみたら、案外必要のないモノだったことがわかるかもしれません。

モノは消耗品だと考える

本や雑誌などは、どうしても増えていくでしょう。忙しいビジネスマンならば、図書館に通うわけにもいきません。

ですから、本や雑誌は「消耗品」と考えましょう。読み終わったら、本棚に置くのではなく、処分するか古書店に持っていく習慣をつけましょう。

これはなんにでも言えることですが、いつまでもとっておくから、モノに対する執着心がわいて、捨てられなくなるのです。捨てにくいのは、長くとっておいたからなのです。

本から得た知識や感動は、すでにあなたの栄養になっています。それで十分、役目を果たしたのです。いらなくなったらすぐに手放してしまう癖をつければ、モノに対する執着心がなくなります。

モノを減らせば、考え方が変わる

モノを見る目がこえる

まだ使えるモノや、いつか使えそうなモノを処分することは、非常に心が痛むものです。だからこそ「もうあんな思いはしたくない。だから、買わない」という決断ができるようになるのです。

いらないモノに囲まれていた経験があり、そこから抜け出せた人こそ、その後の買い物には慎重になります。

何かを買おうと思っても、「そういえば、昔も同じようなモノを買ったっけ。でも、結局使わないで捨ててしまったんだよなあ」というつらい経験則から、よけいな買い物をしなくなります。高い勉強代だったかもしれませんが、あなたの今後の人生のためは、非常に役立つ経験です。

モノを処分するというつらい思いをしてきたからこそ、モノを持つことのムダやコワさがわかるのです。モノをためこんだままの状態では、この「手放すことのつらさ」がわかりません。だから「安いから、これも買っちゃおう」「ただでもらえるモノは、もらっておこう」「いつか使うかもしれないから買っておこう」などの理由で、どんどんモノを増やすことになるのです。

若い読者の方なら、これから家やクルマなど、大きな買い物をする機会もあるでしょう。そんなときにも、たくさんのモノを処分した経験を生かしてください。

客観的に見てどんなにすばらしいスペックでも、あなた自身に必要のない、使わない機能や性能は、すべて意味がないのです。

モノの本質を知る

モノを減らしてみると、モノを買うのを躊躇するようになるのと同時に、「買わない選択」をすることができるようになります。

「買わない選択」をするということは、「いまあるモノをさらに活用する」ということです。モノに囲まれていた頃は、モノが多すぎるために、一つひとつのモノをどう使っていいのかわからなかったのです。でも、モノが減ったいまは、違います。

よく使うモノに囲まれていれば、一つひとつのモノの長所や短所が明確にわかるようになります。モノが多すぎた頃には、かすんでしまって見えなかったモノの本質が見えてくるのです。

そうすれば、モノの使用に対する選択肢が広がり、すぐにイメージできるのです。モノのパワーを120％生かすことのできる、すばらしい持ち主になれるのです。

ですから、何かを買おうかなと思っても、「あれがあるから大丈夫だな」「あれで十分代用できる」ということがわかります。モノに愛着がわけばわくほど、さらにモノを大切にし、上手に使えるようになります。

たとえば、カップがひとつあれば、コーヒー、お茶、スープ、ヨーグルトなどいろいろなものに使いまわしができます。食器としてのカップが不必要になったら、花びんやペン立て、アクセサリー入れなどとしても使えるでしょう。

モノと格闘しない生活

モノがたくさんあると、いつもモノと格闘していることになります。

「新しく買った空気清浄機を置くスペースがない！」

「買ってきた洋服がしまえない！」

「何がどこにあるのかわからない！」

「どこにしまっていいのか、わからない！」

これらはすべて、モノとの闘いなのです。

片づけと称して荷物をあっちにやったりこっちにやったりして無理矢理スペースをつくり、新たなモノを置く。居住空間はどんどん狭くなりストレスがたまる。ストレスを解消しようとまたモノを買い込んで、置き場所に悩む……。


このように、せっかく生活を豊かにしようと手に入れたモノと、必死で闘っているのです。モノを減らすと、このような悪夢の無限ループから解放されます。

一度でもモノの少ない広々としたスペースを味わってみれば、もう新たにモノを手に入れたいという気持ちなど、起こりません。

そして、モノと闘うのではなく、共存し、仲良くすることができるようになります。

お店は自分の物置として使う

モノの価格には、開発費、材料費、製造費、人件費、輸送費、管理費など、さまざまなコストが含まれています。

もちろん、私たちが最終的に商品を目にする店舗の家賃もただではありませんし、従業員の人件費も必要です。

店頭に陳列しておくだけでも、大きなコストがかかるのです。

ですから、すぐに使いもしないモノを「いまのうちに買っておこう」などと考えて家に保管しておくのは、そういった商品コストの一部を自分で引き受けるようなものです。

売り手からしたら、売れ残るかもしれない在庫を、お金を払って預かってくれるありがたいお客さまなのです。

そう考えてみると、すぐに使わないモノを買うのはばからしいと思いませんか。

デパートやスーパーは、無料でモノを預かってくれる保管場所だと考えましょう。必要になったそのときはじめて、そこから出してくればいいのです。

デパートはあなたの大きな倉庫、スーパーはあなたの巨大な冷蔵庫です。

倉庫や冷蔵庫から出すまでは、自分の家のスペースを使うこともありません。商品も新しいまままきれいに管理されているのです。

モノに頼らない生活

帰りたい家になる

モノがたくさんあった頃は、なんとなく家にいるのがイヤだったはずです。モノに囲まれていると、なんとなく息苦しくて、ゆったりくつろぐことができないからです。つまり「仕事が終わってもまっすぐ家に帰れない」「家にいると、なんとなくイライラする」という状態です。休みの日にも、家にいたくないばかりに用もなく買い物に出かけたり（またモノを増やす）、パチンコで時間をつぶしてしまったりというようなムダな行動を、無意識のうちにしてしまうのです。モノを減らしたいまは、どうでしょうか。

家にはゆとりの空間があり、もう、モノがごちゃごちゃ置かれたストレスを生む場所ではありません。本来のくつろぐためのスペースとして生まれ変わったのです。

以前よりも、自然と家にいることが楽しくなります。

仕事が終われば「早く家に帰って、ゆっくりしたいなあ」と感じることでしょう。

家族との会話も増え、家庭には明るい団らんが戻るはずです。

仕事が終わるといつも買い物や外食で寄り道をしていた女性は、家の中のモノを減らしただけで、まっすぐ家に帰り、自炊をするようになったといいます。

寄り道によるムダづかいも減って、お金もたまったそうです。

「消えもの」でぜいたくを楽しもう

いままで、モノにかけてきた莫大なお金。そのほとんどは「モノを買う」という消費行為によってよりどころのない心を充足させていただけです。

しかも、買ったモノを有効活用することはできていませんでした。

モノを減らしてゆとりのある空間をつくることができたら、今度はモノを増やさずに、ささやかなぜいたくを楽しみましょう。

たとえば、テーブルに一輪の花を飾る。

テーブルに花を飾ってみると、自分の部屋の汚さ、乱雑さが気になります。ですから、デスクやテーブルに花を飾るだけで、自然に「きれいな家を保とう」という気持ちになります。フラワーセラピーという言葉もあるとおり、花は癒しや心身の美しさを与えてくれます。

「花より団子」という手もあります。

おいしいものを食べることは、生きる活力になります。すっきりした使いやすいキッチンで、たまには上等の食材を使って料理をするなんていうのは、いかがですか。必要のないモノにお金をつぎ込んで部屋を満たすよりも、あとに残らず、私たちの心を満たしてくれる生花や食べ物にちょっとしたぜいたくをするほうが、はるかに豊かな生活なのです。

出不精だった人も変わる！

「モノより思い出」

以前、こんなキャッチコピーのコマーシャルがありました。

これはたしかクルマのコマーシャルでしたから、「クルマに乗って家族で遊びに出かけて、思い出をたくさんつくろう」という主旨のキャッチコピーだったかと思います。でも、このキャッチコピーはなかなかよくできています。

モノを減らす意義のひとつが、まさにこの言葉のとおりなのです。

あなたが子どもの頃の家族の楽しい思い出は、モノを買ってもらったことでしょうか。それとも家族で遊びに出かけた経験でしょうか。

もちろん「僕は前者だ」という人もいるでしょう。でも、多くの人が後者だと答え、また自分の子供にも後者の「思い出」をあげたいと思うのではないでしょうか。

モノが好きな人に聞くと、家にいるのもストレスがたまるくせに、積極的に遊びに出かけたりすることも少ないといいます。いわゆる出不精の人がとても多いのです。生活の優先順位が「モノ」になるために、「遊びに出かけてお金を使うくらいなら、モノを買いたい」という思考回路になってしまうらしいのです。

モノを処分すると、心身ともに身軽になります。フットワークが軽くなり、出かけることがおっくうでなくなるのです。積極的に遊びに行ったり、旅行に出かけたりすることが知らず知らずのうちに増えるはずです。

家にモノがたくさんあると、潜在意識のなかで「家」の存在がどんどん大きくなって、内向的な思考になってしまうのです。モノを減らせば、いろいろな意味で視界が広がり、外に目を向けられるようになります。

旅行に行けば、モノが減る!?

忙しいあなたも、たまには旅行に出かけてみましょう。

旅行に出かけると、ホテル（や旅館）に宿泊することになります。

ホテルの部屋には必要最低限のものしかありません。あるモノといえば、ベッドと机と椅子、テレビ、電話、メモスタンド、クローゼット、洋服ブラシ、くつべらくらいです。バスルームにもタオルと石けん、シャンプー、リンス、歯ブラシ、綿棒、コットン、カミソリがあるだけ。それでもなんの不自由もなく、2泊でも3泊でもできてしまうでしょう。

実は、ホテルの部屋こそ、必要最低限のモノしか置かれていない部屋のお手本なのです。ホテルでは料理をしないので、キッチンまわりのモノは考慮に入れられませんが、ホテルの部屋にあるモノで、十分暮らしていけることがわかります。

出張などでホテルに泊まる機会の多い人も、一度そういった視点でホテルの部屋を眺めてみてください。

ふだん私たちがいかにムダなモノに囲まれているかが実感できます。

モノを減らせば、たくさんの得がある

数百万円〜数千万円のお金がたまる

モノがたくさんあった頃は、「モノを買う↓モノが増える↓置き場所に困る↓収納家具を買う↓スペースが狭くなる↓ストレスが増える↓モノを買う↓モノが増える↓置き場所に……」というループでした。まさに、あなたの財産をモノが食いつくす無間地獄です。これまで書いてきたように、このループによって失う経済的損失ははかりしれません。

家に増えていくのは使えない、使わない、価値のないモノばかり。長く保管すればするほど経年劣化などによって商品価値も下がり、ゴミ同然のモノと化してゆく。さらに処分しようとすれば処分費用がかかるというおまけつきです。

モノが少ない生活にシフトすれば、「ムダな買い物がなくなる↓モノが増えない↓スペースにゆとりがある↓収納家具がいらない↓空間にゆとりがある↓ストレスがたまらない」という好循環ができあがります。

モノを買わないからといって、生活が貧しくなったり、不便になったりするわけではありません。それどころか、ゆとりのある居住空間が手に入り、ストレスも軽減されるなど、いいことばかりです。

序章で解説した莫大な住居費＋モノの購入費＋処分費用が節約できるのです。長い目で見てみれば、数百万、数千万円単位のお金がたまるはずです。

減らせば減らすほど、時間が増える

モノを探す、モノの手入れをする、そうじをする……etc。

モノがたくさんあればあるほど、貴重な時間を失います。モノは家のスペースだけでなく、あなたのお金、そして時間も食べてしまうのです。

ということはもちろん、モノを減らせば減らすほど、モノにまつわる時間が減ることになります。そのぶん趣味や仕事、家事など、あなたの人生で大切なものに時間をかけられるようになるのです。

「あれがない、これがない」と探しまわる時間とストレス、自分に管理できないほどのモノを手入れしようとする時間と労力、そしてあふれたモノをなんとか収納しようと格闘する時間と疲弊感……。これらがすべてなくなるのです。

いらないモノを処分するだけで、たくさんの時間を手に入れることができます。「時間がない、忙しい」と嘆いていた人も、いつのまにかそういった悩みから解放されるでしょう。

人生80年、モノに縛られてくたくたになって生きるよりも、モノと共存して、穏やかに生きていきたいものです。

食生活が劇的に変わる

健康に欠かせないのは、豊かな食生活です。旬の野菜や果物を取り入れたバランスのよい食事は、健康の源です。

モノをたくさんためる人は、食品類もため込みます。

「ため込める」ということは、長期保存が可能ということですから、カップ麺やレトルト食品、スナック菓子などの添加物まみれの保存食（?）ばかりを、つい選んで買ってしまうのです。これも「いつか使う」という心理と同じで、「いつか食べよう」

「あとで食べよう」という習慣です。

健康は何よりの財産です。モノによって健康を脅かされるなんて、悲しいことです。モノが少ない生活をしていると「いま、本当に必要なモノ」だけしか買わないという生活習慣が身につきます。ですから食品についても、自然と新鮮な野菜や果物を多く買うようになります。

近年、デトックスという言葉も一般的になりました。体内の毒素を体外に出すことが健康に必要だということですが、家の中のデトックスも必要なのです。モノが多くてストレスがたまり、心が満たされないから、ドカ食いや間食をしてしまうのです。また、ホコリやカビなどの心配も少なくなりますね。モノを減らしたら、お子さんのぜんそくやアレルギーが軽減したという例もあります。

家がピカピカになる

これまでそうじが嫌いだった人も、そうじが好きになります。

モノを減らせば減らすほど、いままで大きな家具やモノがじゃまして見えなかった床や壁、モノがぎっしりでホコリがたまっても気づかなかった押し入れやクローゼットの隅などが、目に見えるようになります。

そうすると、自然とそうじがしたくなるのです。なぜなら、ホコリを掃除機で吸い取ったり、床を拭いたりするだけなら、かんたんそうだからです。

モノがごちゃごちゃした部屋では、そうじもたいへんな作業です。モノをあっちにやったりこっちにやったりしながら掃除機をかけて拭き、さらに一つひとつのモノを拭いて、もとの場所に戻す。窓そうじをしようと思っても、家具が邪魔なために一大作業ですから、なかなか重い腰が上がりません。

結局面倒で、そうじをしなくなるのです。

モノがなければ、そうじは楽しくなり、家はいつもピカピカ。

いままでとはくらべものにならないほど、居心地のよい空間になります。

また、これまでダニやゴキブリに悩まされていたという人は、モノを処分することで確実に軽減します。ダニは衣類や布団、畳などから発生しますし、ゴキブリの卵は古い家具やダンボールなどについていることも多いのです（食事中の方がいたら、ごめんなさい）。

人が集まる家になる

これまでは「誰かが家にくる」というだけで、大変なストレスでした。

モノが多いためにそうじが行き届かず、人をもてなすスペースもなく、あふれたモノを人に見られるのもイヤだったからです。

ですから、来客のある日の前日には、大あわてでそうじをしなければなりません。あふれたモノを押し入れにつめ込み、見えるところだけホコリを拭いて、一夜漬けの応急措置です。

それもあくまで一時しのぎでしかありませんから、来客が帰ったあとは、すぐにもとどおり。くたくたになってしばらくそうじをする気にもなれず、来客前よりさらに、モノが散乱していくのです。

モノを減らせば、そんなストレスはなくなります。

片づけもそうじもすぐに終わりますから、つねにきれいな部屋をキープすることができます。

いつ誰に見られても恥ずかしくありませんから、友人にも気軽に「今日うちに遊びにおいでよ」と声をかけることができるのです。

魅力のある家には、人が集まります。

人が集まると、そこから豊かな人間関係を築くことができるのです。たまには自宅でホームパーティを開くのも、いいものですよ。

ワンランクアップのモノ減らし術

3分の1の空きが幸せを呼ぶ

モノをためてしまう人は、収納スペースに空きができると「ここに何かが入れられる！」と考えます。そしてウキウキと買い物に出かけ、いらないモノで収納スペースを埋めるためにモノを買ってくるのです。

これからは「収納スペースを何かで埋めなければならない」という考えをやめましょう。収納にはすきまがあって当たり前と思うようにすればよいのです。

この習慣をつけるには、つねに「3分の1」を空けておくことをおすすめします。

本棚やクローゼット、押し入れになどの収納には、つねに3分の1のスペースを空けておきます。

これなら、どうしてもモノを増やさなければならなくなったときにも、とりあえず空いているスペースにモノを収めることができます。そしてまた3分の1のスペースが空けられるよう、モノを処分していけばよいのです。

モノが増殖していくのは、収納スペースに入りきらなくなったモノを収納するために新たに収納家具を買い、新しい収納スペースがいっぱいになったらまた新たに収納家具を買う……という連鎖で起こります。

これを断ち切るためには、最初に設定した収納スペースで間に合うよう、つねにモノの量をコントロールすることなのです。

デスクやテーブルを、いつもきれいにする

家がなかなか片づかないという人は、まずはデスクやテーブルまわりだけ、片づけてください。ほかはどんなに散らかっていても、そこだけはつねにピカピカに磨き、きれいな状態を保つようにしておくのです。

いくらそうじや片づけが苦手な人でも、デスクとテーブルだけなら、きれいな状態を保てるはずです。

そうすると、しだいに何もかもがうまくまわりはじめるのです。

以前あるビジネスマンの男性から「仕事の能率を上げたくていろいろやっているが、いつも時間がかかってしまう。どうしたらいいでしょうか」という相談を受けました。

そこで、彼のオフィスのデスクまわりを撮影してきてもらいました。

それをチェックしたところ、彼のデスクはモノでいっぱい、書類や文房具はもちろん、食べかけのおやつやペットボトルなどが乱雑に置かれていて、落ち着いて仕事ができる環境ではありませんでした。

「あなたがやるべきことは、デスクを片づけてきれいにすること。まずはそれを実行してごらんなさい」とアドバイスしました。

数週間後に彼と会ったら「あらかわさんのアドバイスどおりに、仕事が終わって退社するときにデスクを片づけておくようにしました。朝出勤してすぐ仕事に取りかかれるので、能率が上がり集中できます。ありがとうございました」とのこと。

彼のように、自分では気がついていないけれど、ふだん座っているデスクやテーブルが乱雑なせいで、よけいなストレスがたまって仕事や勉強、家事などがうまくいかないというケースがとても多いのです。

一度だまされたと思って、デスクやテーブルまわりだけでも片づけてみてください。

モノに住所をあたえる

あなたの家にあるモノたちに「住所」はありますか。

たとえば、ハサミやペン類はリビングルームの小引き出しの中、掃除機は玄関脇の収納棚、バッグはクローゼット上部の棚……という具合です。

いつもぽんぽんと適当にどこかに置かれているモノは、かわいそうな住所不定のホームレス。だからいつも行方不明になってしまい、どんなに探しても、見つからないのです。

モノにきちんと住所をつくることで、モノは片づきます。使いづらいと思ったら、そのつど引っ越しをして新しい住所を決め、使いやすい配置にします。似たような種類のモノは、同じ地域に住まわせてあげると、とても使い勝手がよくなります。

そして、残念ながら住所が決まらなかったモノたちは、かわいそうですがすべて処分します。新しいモノを買おうと思っても、あらかじめ住むところが決まっていないなら、そのモノを家に持ち込んではいけません。

こんなふうに、家にあるもののすべてに住所をつくると、自然にモノは片づき、すっきりした住まいになります。

モノを「買わせる」企業の戦略

テレビショッピングは催眠術

テレビを見ていると、毎日のようにテレビショッピングの番組が放映されます。

テレビショッピングは、人の購買欲を誘う、とてもよくできた広告です。

あなたも、最初は何気なく見ていただけなのに、「こんなにすごい！」「こんなに便利！」と、何度も何度も商品のメリットを連呼されていくうちに「けっこういいかも」「あったら便利かも」と思ってしまったことがあるのではないでしょうか。

テレビショッピングの商品は、たくさんの人の心をひきつけます。

実際に購入までするのはひと握りの人たちかもしれませんが、多くの人が、一瞬でも「あ、これほしいかも」という気にさせられてしまうのです。

司会者が商品をほめちぎり、何度も商品の特長を連呼する。スタジオの観客たちもところどころで「わーっ」と叫んで盛り上げる。

価格もじらしながら「なんと、9999円！」と、いかにも割安であるかのように発表する。

さらに「今回は特別に、こんなおまけまでつきます！」と最後のダメ押しがくるわけですから、モノを買うのが好きな人にとっては、ほしくなってしまうのが当たり前です。

テレビショッピングは、一種の催眠術のようなものです。

その場の盛り上がりで一気に「私もほしい」「買わなきゃ」という気持ちにさせるのです。

少し前までよく百貨店やスーパーで見かけた「実演販売」と同じです。

なかには良い商品もあるかもしれませんが、番組を見なければ「ほしい」とも思わなかったモノでしょう。

私もまわりでも、テレビショッピングで失敗したことのある人たちは「テレビショッピングに、本当に必要なものは1％もあるのかしら……」と言っています。

つまりは、99％以上のものが「あれば便利なモノ」、つまり「特に必要ではないモノ」だというわけです。

「テレビショッピングがはじまったら、チャンネルを変えるか、テレビを消す」という人もいます。

テレビショッピングで商品を買ってしまいそうになったら、せめて1週間くらいは考えましょう。

1週間もたてば、催眠術がとけたように、「なぜあんなものをほしがったんだろう」という気持ちになっているはずです。

「限定」商品に飛びつかない

「期間限定」「限定100個」「新宿店限定」「限定コラボ」「会員限定」……など、「限定」というフレーズがついた商品が、最近非常に目につきます。

どこにでもありそうな商品でも「限定」という言葉がついていると「いま、ここでしか買えない」という思いから、商品自体に価値があると勘違いしてしまいます。

この気持ちがエスカレートすると「買わないとソン」「絶対に手に入れる！」という気持ちにまでなってしまうわけです。

限定品といっても、よく考えてみれば、配色や柄がいつもと違ったり、ロゴがついていたりする程度のモノです。

本来ならば、目の色を変えて飛びつくようなシロモノではありませんよね。だれしも「自分だけ」「特別な」という優越感が好きなものです。「限定品」はこういった心理を利用して、商品のプレミア感を煽る広告戦略なのです。

「人と同じモノを持ちたくない」という言葉もよく耳にしますが、「限定」だとか「特別」などという言葉に踊らされてモノ買ってしまうのは、右向け右というような、まさに集団行動そのものだと、私は思うのです。

長く持てないブランド品

ブランド品というのは、非常に高価なものです。

「質のよいモノを長く、大切に使おう」という理由でブランド品を購入するのであれば、私も賛成です。

でも、最近のブランド品事情は、そういった本来の姿から乖離《かいり》しつつあります。

有名ブランドであればあるほど、広告にも力を注ぎます。雑誌などにもたくさん記事や広告が掲載されますから、見る人が見れば「あれは○○の今季もので○万円のバッグ」「あれは3年前の春に売り出された型落ちのデザインの靴」などと、すぐにわかってしまうのです。

ブランドメーカーも営利企業です。

「長く、大切に」使われてしまったら、次の商売ができなくなります。

ですから、定番品よりも、限定品や新しいデザインの商品を毎年私たちに売り込んでくるのです。

というわけで、雑誌などを読めば読むほど、ショップに足を運べば運ぶほど、そのブランドが好きになれば好きになるほど、古い型のものが持てなくなります。

ブランド品にハマると、「いいモノを長く」どころか、まるで見えない敵と戦うかのように、次から次へと新商品を購入し続けることになります。

気づけば大事なお金はなくなり、クローゼットはほとんど使っていない高価なバッグや靴でいっぱい……、という泥沼におちいってしまうのです。

ブランドショップでは、買い物をするという行為そのものにも、ムダに高級感をあおります。

お店の人からもていねいに扱われて（びっくりするほど高い品物を買うのですから当然ですが）、その場だけでもいい気持ちになり、セレブ感を味わうことで、ストレス解消の役目も果たしてくれるのかもしれません。

でも、ブランド品を買いあさることで、あなたの心は本当に満たされているのでしょうか。あなたが本当に望んでいるのは、もっとほかの何かかもしれません。

■ case11　ブランド物がやめられない！

［アルバイト／女性・20代］

実家で親と一緒に暮らしているため、アルバイトながら多少の経済的余裕がある彼女。ブランドもののバッグや洋服、靴に目がなくて、新作が出ると、ついほしくなってしまうという。

「高いお金を払って購入しても、何度も使うわけじゃないから、ムダなのはわかっているんです。でも、雑誌などを見るとほしくなってしまって、つい買ってしまうんですよね。古いものを処分しようと思っても、何を捨てて何を残していいのかわからないんです。こんな調子でどんどんモノが増えてしまい、保管場所に困っています」

今日からはじめる、本当のエコライフ

エコバッグは本当にエコなのか？

あなたは「エコバッグ」を持っていますか。

エコバッグとは、スーパーなどでレジ袋をもらわずにすむよう、私たちお客側が持参するバッグのこと。一連のエコロジーブームを受けて、大きくて軽くて使い勝手のよさそうなものが、たくさん売られています。

某人気ブランドショップのエコバッグが大ブームになり、ショップに長蛇の列ができたり、プレミアムがついたりという出来事もありました。

私の知人の女性にも、いろいろなブランドのエコバッグを5つも6つも持っている人がいます。

その日の気分やファッションにあわせて、エコバッグも使い分けるのだそうです。若い女性や主婦のあいだでは流行がありますから、エコバッグもあまり古いものは持てません。

飽きたら次のエコバッグを買い、好きなブランドショップの新作エコバッグが発売されれば、またそれを買い求めます。

エコバッグをつくるためには、たくさんの化学繊維や布が使われ、ブランドロゴや絵柄を描くための塗料や染料が使われます。

エコバッグをつくる企業側は、エコロジーよりも儲けることに夢中です。ブームが過ぎないうちに売れるだけ売ってしまえとばかりに、ご近所の中国やベトナムなどで、今日もエコバッグの大量生産が行われているのです。

これって本当のエコロジーでしょうか。

あなたの家には使っていないトートバッグやブランドバッグのひとつやふたつはあるはずです。新たにエコバッグを買うくらいなら、それらを買い物袋として利用すればいいのです。

モノを買わないことこそ、真のエコロジー

現代は大量生産、大量消費社会です。

ディスカウントショップや１００円ショップには「どうしてこんなモノがこんな安く買えるの？」と言いたくなるほど、低価格の商品がたくさん並んでいます。

そして多くの人たちは、たいして必要でもないそれらのモノたちを嬉々として買って帰るのです。

なぜディスカウントショップや１００円ショップではモノが安く買えるのか。当たり前ですが、それらが極限までコストを抑えた大量生産品だからです。

きちんとモノを使いこなすのならば、それが大量生産品であれ、安価であれ、または高価であれ、貴重な資源を使って生み出された価値があります。

でも、安いからという理由で、なんの気なしに、必要でもないのに買われる商品は、いったいなんのために生まれてきたのでしょうか。

コストを極限まで抑えるために、粗悪で壊れやすい商品を大量生産し、それによって環境破壊が進むいっぽうで、そういった商品をよろこんで買う人、それを売ることでお金をもうける人たちがたくさん存在します。

中国の環境汚染が問題になっていますが、その原因をつくる一端となったのは、紛れもない私たちです。食品、玩具、衣料など、中国産製品の危険性が叫ばれ、いくつかの事件で中国のイメージが悪くなると、メーカー側はこぞって次の国を探しはじめました。最近ではベトナムやインドネシア製の衣料や製品が数多く出まわっています。安易な気持ちでモノを買い、たいして使いもせずにムダにするためだけに、地球上の貴重な資源が使われ、環境破壊が年々進んでいるのです。

本当に地球の環境破壊を心配するなら、エコバッグやエコグッズを「持つ」のではなく、よけいなモノを所有せず、また新たにモノを求めることをやめることからはじめましょう。

モノを愛する人こそ、モノを持たない

本書では「モノをもっと捨てよ、処分せよ」と、しつこいくらいに書いてきました。

「環境のことを考えたら、捨てないほうがエコロジーなんじゃないの?」

こんなふうに思う人も多いでしょう。

でも、それは違います。

たくさんのモノとともに暮らしてきたこれまでの生活を振り返って、一度生活をリ

セットしないかぎり、モノにまみれた生活をやめることはできないのです。たくさんのモノを持てば持つほど、もっとモノがほしくなり、モノを集めることをやめられないのです。

モノが少なければ少ないほど、ひとつのモノを使いこなすという習慣が生まれます。そして、モノに愛着を持ち、一つひとつを大切にする心も生まれます。

「高かったから価値がある」「安いからつい、買ってしまった」「あると便利そうだから手に入れた」……。こういったモノに対するるばかげた価値観や習慣を、頭の中から追い出してしまいましょう。

そしてこれからは、モノの少ない生活を楽しむのです。

モノを減らせば、生活がガラリと変わります。

生活が変われば、心の持ちようも変わってきます。モノを慈しみ、大切にする心が、あなたにどんな変化をもたらすのか、体験してみてはいかがですか。

きっと、本当の人生の楽しみがわかるようになります。

あとがき　いつか自分も灰になる

仏教の教えに「少欲知足」というものがあります。これは「よけいな欲をなくして、現在の自分が十分足りていることを知る」という意味の言葉です。

いまの世の中はモノがあふれすぎて、物欲を抑えることはかんたんなことではないかもしれません。しかも、人の欲はかぎりがありません。

自分自身で「ここまで」という区切りをつけなければ、いくらモノを持っても心が満たされることはなく、持てば持つほど永遠に苦しみ続けることになります。

まるで炎天下の遭難船の上で海水を飲むようなもの、飲めば飲むほど、さらに喉が渇いてもがき苦しむのです。

モノを持てば持つほど、モノにとらわれる無間地獄が待っています。

もし私がありあまるほどのお金を持っていたとしても、そのお金をモノのために散財することはないでしょう。

ほしいモノを手に入れれば、一時は気が紛れたり、物欲を満足させたりすることができるかもしれません。でも、たくさんのモノを持つことは、決して心の豊かさにつながらないと思うのです。

人生には、モノより大切なものがたくさんあります。

好きなことをゆっくり勉強したり、家族や恋人と仲よくしたり、旅行に出かけたり、おいしいものを食べたり、きれいな花を飾ったり……。

モノは生活を便利にする道具ですが、心はモノでは満たされません。

使う人の心がどのようにモノと向き合うかが、大事なのです。

年をとったときに、使えない、どうでもいいムダなモノばかりに囲まれて、気がつけば何も手に入れられなかった人生なんて、まっぴらだとは思いませんか。

モノはいずれ、ゴミや灰になります。それは私たち人間も同じです。

いつか自分がこの世にさようならするときまでには、もっともっとモノを減らして、本当に必要なモノがいくつ残るか……。それは私の人生の証でもあります。

私らしい人生を歩み、モノに愛されて命を燃焼できたら幸せです。

あらかわ菜美

あらかわ菜美 Nami Arakawa
［時間デザイナー］

1999年に「時間簿」を考案して新聞・雑誌、テレビで取り上げられ全国的に話題となる。時間簿は多くの女性や最近ではビジネスパーソンに支持され、論文や大手企業の人材開発、学校教材、マーケティングに採用される。これまでに3000人以上にのぼる調査をおこない、時間意識や生活時間を分析する。教育委員会、男女共同参画センターなどの行政機関、大手企業で、時間のつかい方、片づけについて数多く講演する。

最近は、ギターとライヤーの弦楽器を弾き、自然たちの音を愛し時間のない次元にシフトして「今、ここ」にある。

主な著書に『かしこい奥さま心得帖』『愛され奥さま心得帖』『「忙しい」という人ほど、実はヒマである理由』（小社刊）、『「ワタシ時間」をつくる時間簿のすすめ』（講談社刊）、『聡 明な女性の時間の節約生活』（三笠書房刊）、『人生の成功は「水曜日」に決まる』（成美堂刊）、『テーブルをきれいにするだけで幸運がやってくる！』（マキノ出版刊）、『残業ゼロになるビジネス時間簿』（祥伝社刊）他多数。

http://www2.ttcn.ne.jp/~jikanbo/

本書は2008年11月30日発行『モノのために家賃を払うな！ ～買えば買うほど負債になる！』（小社刊）を改題・新装化したものです。

モノを持たなければお金は貯まる

2015年11月13日 第1版第1刷発行

著者　あらかわ菜美
発行者　玉越直人
発行所　WAVE出版
〒102-0074 東京都千代田区九段南4-7-15
TEL 03-3261-3713　FAX 03-3261-3823
振替 00100-7-366376
E-mail: info@wave-publishers.co.jp
http://www.wave-publishers.co.jp
印刷・製本　中央精版印刷

NDC916 191p 17cm
ISBN978-4-87290-779-7